徐志摩在剑桥大学时

张幼仪（徐志摩的原配夫人）

清秀甜美的陆小曼

王赓（陆小曼的第一任丈夫）

思念志摩的陆小曼

小曼：

如真送禮不妨過期到一年的話，小更受這一集詩，算是紀念我倆結婚的一份小禮，秀才人情當然是見笑的，但好在你的思想，有今不在金珠寶石間！這些不完全的詩句，原是不值半文錢，但在我這窮賤說也瓶紅已算是這三年未唯一的積蓄。我不是詩人，我自己一天明白似一天，更不須隱諱，狂妄的獻致給你，我愛，請你留下它，只當它是一件不擦布的古董一般不成品的紀念……

志摩二月三日定園別墅

珈誠在香的針面圖案翡冷翠的維蒼島上橋的節景，走江小鵜先生的匠心，我得好好的謝，我也感謝聞一多先生，他給過我不少的幫助，工疼，我特製，巴黎的鱗瓜的針面圖案

志摩

徐志摩写给陆小曼的信

20世纪20年代的陆小曼

徐志摩与陆小曼婚后的蜜月新房

徐志摩与陆小曼婚后蜜月中的合影

徐志摩在哥伦比亚大学时

徐志摩在北京中街寓所

一代名媛陆小曼

陆小曼生活照

徐志摩魂牵梦萦的康河

徐志摩生前出版的最后一本诗集《猛虎集》（闻一多设计）

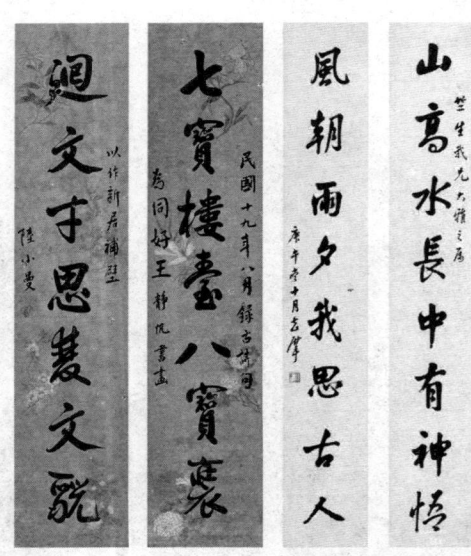

徐志摩、陆小曼1930年作的行书对联

1936年《爱眉小扎（札）》出版书影

陆小曼1940年画作《春雨江南》

翁瑞午与陆小曼的合影

61岁的陆小曼

英国剑桥大学内的徐志摩纪念石碑

民国爱情传奇

浪漫红尘
徐志摩与陆小曼

韩佩珊 / 著

山西出版传媒集团
北岳文艺出版社

图书在版编目（CIP）数据

浪漫红尘：徐志摩与陆小曼 / 韩佩珊著. — 太原：北岳文艺出版社，2015.1
ISBN 978-7-5378-4367-6

Ⅰ.①浪… Ⅱ.①韩… Ⅲ.①长篇小说–中国–当代 Ⅳ.① I247.5

中国版本图书馆 CIP 数据核字（2014）第 313692 号

书　　名	浪漫红尘：徐志摩与陆小曼	
著　　者	韩佩珊	
责任编辑	张　丽	
设计制作	鸿儒文轩	
出版发行	山西出版传媒集团·北岳文艺出版社	
地　　址	山西省太原市并州南路 57 号	
邮　　编	030012	
电　　话	0351-5628696（太原发行部）	
	010-57571328（北京发行部）	
	0351-5628688（总编室）	
传　　真	0351-5628680　010-57571328	
网　　址	http://www.byww.com	
E-mail	bywycbs@163.com	
印刷装订	三河市华东印刷有限公司	

开　　本	787×1092　1/16
字　　数	243 千字
印　　张	18.25
版　　次	2015 年 1 月第 1 版
印　　次	2020 年 10 月河北第 2 次印刷
书　　号	ISBN 978-7-5378-4367-6
定　　价	36.00 元

前言

　　她，一袭薄荷绿色的西式改良旗袍，踩着宝蓝色的细高跟鞋，耳际插着一朵在昏黄灯光下看起来是深红色的花。

　　他，英俊而瘦削的面庞，鼻梁上架着圆形镜片的细框眼镜，身上穿着一身稍微带着些褶皱的素色长衫。

　　她，安静地站在剧院门口，为前来看戏的观众发放说明书。

　　他，刚刚下了黄包车，在拥挤的人潮中挣扎向前只为凑近看清她的脸。

　　终于，她看见了他，他的目光亦没有回避。

　　咫尺的距离，相望的瞬间，她与他，在那样的对视里，都忘了自己。

　　我总算遇见了你，却是在我们看起来不是最好的年华里。

　　相信爱情皆有命定。不是一见钟情。那是你脑海中长久萦绕的一个魇，抛不开，放不下。她在你的意识里已经住了太久，可是，你始终看不清她的脸。直到，你隔着拥挤的人潮，遇见她。

你知道，她就是那个人。

第一最好不相见，如此便可不相恋。

可惜，相遇时，那个人已为人妇。纵然是诗性裹身之人，也终究是生活在凡俗之中，现实的层面不得不顾忌。他也只能发乎情止乎礼。

然而，徐志摩与陆小曼又同是胡适的友人，王赓与徐志摩又同拜在梁启超门下。有了这层关系，纵然彼时尚不相识，再见面的机会也不会少。

于是，寂静而又漫溢着暖意的午后，他们同胡适一同去看戏，然后在品评时发现对方说出自己正想要说的话。

于是，在谈笑中不知不觉到来的傍晚，他们一同在王家的饭桌上，语意相合，然后在道别时发现她竟记得他离京的日期。

于是，在北京枫叶飘红的爽朗秋日里，登山之时，她失足跌倒，情急之下，她叫的竟然是他的名字。

我见佳人知有情，殊不知佳人待我亦如是。

君有情，妾亦有意。可是，诸多限制，却终是无法日日相见。只得寄双鱼兼作尺素，将缱绻情思写在字句里寄给彼此。却不曾想，那书信竟阴差阳错地被王赓读了。

上海城的潋滟风光里，他和她有婚外情的绯闻顿时传开了去。像是在弹一首悠悠恋曲，却弹断了琴弦。舆论的矛头，皆指向陆小曼。流言蜚语不曾停歇，她被丈夫匆匆送回北京。

她的苦无处可诉，只得化作与他相见时的两行清泪。而他，一个诗人，在这样的时刻竟然词穷，只得用一吻去回应她。松树胡同的墙角里，他们终于言明爱意。

而此时的徐志摩，权衡取舍，终于决定远赴欧洲，避一避风头。

而彼时的陆小曼，陷入了一个人的战斗。父母不理解，旁人不理解，丈夫更加不会理解。无数个难眠的时刻，她一手撑着深不可测的夜，一手把对徐志摩的思念写成一行行墨色日记。远隔着半个地球，她时常觉得徐志摩就在隔壁的院落里。

身无彩凤双飞翼，心有灵犀一点通。世间有情人，大抵亦有默契在。陆小曼的思念漂洋过海，总归是让远在西半球的徐志摩感受到了。他亦无时无刻不想着回去。可是，终是身不由己。终于，那个清晨，他收到了通知他可以归去的信函。

坚强又执着的她，可爱亦可敬。

第二最好不相知，如此便可不相思。

"眉。"千言万语化作相见时一声举重若轻的呼唤，他终于归来。

经历了流言的中伤，摆脱了父辈的偏见，穿越了刻骨的思念，他们终于相拥。

婚礼上，证婚人梁启超的证婚词针针见血。可是，处在羞赧与为难中的新人并未领悟其中的衷心劝告。

红袖添香，温暖相伴，一流冷涧，两畔青草。他们在硖石过了一段郎情妾意快乐似神仙的日子。

然而，兵荒马乱的年月里哪里容得下安稳的幸福。很快，他们便因为战事的牵连辗转去了上海。没有了经济支持的他们过得很苦。可是，徐志摩谋到了教席，他们终于又有了自己的家时，陆小曼却开始沉浸在了上海滩十里洋场的浮华里不能自拔。

繁华的上海，须得美人陪衬。舞会，演戏，打牌，猎奇，陆小曼无一不爱。三层洋楼，管家司机，陆小曼的排场已非常人可比拟。从商之人或可以承担这样的开销，可是放在一介书生徐志摩肩上，不禁压得他有些喘不过气。

爱情有烟花璀璨的罗曼蒂克，可是也有一针一线的柴米油盐。家庭的重担全都压在徐志摩一个人肩上，爱情的天平也难免就此偏了。

喜欢是乍见之欢，而爱是久处不厌。旷日持久，他们开始对彼此有了怨怼。她抱怨他不再如从前那般宠着她，只知道对她管手管脚。他开始慨叹她不肯体谅自己，不能理解自己，不愿以一颗向上的心面对生活。

爱会生长，也会枯萎，所幸从未死去。

然而，他们在埋怨和失望中越走越远。徐志摩北上入京任教，陆小曼固守上海的繁华不肯离开。可是，到底是爱侣，纵然相隔千里，书信也是一封接着一封，未曾断绝过。

徐志摩常常搭邮政的免费飞机回上海看望陆小曼，可是，相见之情景总是不如所想，除却争吵，还是争吵。

但曾相见便相知，相见何如不见时。

琴声转急，顿挫抑扬，却还是在高潮处崩阻。

徐志摩返沪。他同陆小曼仍是免不了争吵。他劝她戒烟，她一时冲动掷了烟枪去打他。他的心顿时冷了下来，夺门而去。陆小曼心乱如麻，又遇母亲的责骂，更是偏激，书了一封言语刻毒的信等待着徐志摩。

然而，她不知道，这封信等回的，是自己一个人疗好伤，决心宽恕她要温柔待她的丈夫。世上最让人心灰意冷之事，莫过于你已经放下所有怨怼决定宽宥和珍惜的时候，却发现对方根本不领你的情。

他终于不再忍耐，拿了行李便要回北平。

前 言

他这一走,再也没有回来过。

知道他殒命的消息,她当场昏厥。

世事漫随流水,算来一梦浮生。他逝去了,她的一部分也随着他死去。当她再度苏醒,死去的,是她身上那些深陷于浮华而拔不出来的触手,而复生的,是坚忍执着的她。

情不知所起,一往而深,生者可以死,死者可以生。生而不可与死,死而不能复生者,皆非情之至也。

纵然徐志摩已然死去,可是陆小曼深信,只要他的作品依然传承,他就不能算是完完全全死去了。她拒绝了王赓复婚的请求,至死没有再嫁,只是费尽心力地出版徐志摩的作品。

陆小曼,纵然曾经任性骄纵,却是世间少有的痴情女子。遇见爱,她不顾世俗非议,毫不犹豫地舍弃了前途无量的夫婿王赓。失去爱,她亦执着坚守没有半点动摇。她爱他,不可替代,不曾放弃。如小曼者,可谓有情人耳。

安得与君相决绝,免教生死作相思。

世间之爱情,大抵相似,仓央嘉措这一首诗便可囊括其中。

然而世间之爱情,又千奇百怪,各有不同,只因其间无数细节和感动,放不下,忘不了,说不完。

听,琴声渐起,她与他初遇……

目录 \ contents

浪漫红尘：徐志摩与陆小曼

第一卷
人生若只如初见

初　见　003
小　曼　010
志　摩　021

第二卷
愿我如星君如月

惜　春　035
品　剧　043
王　赓　051
秋　枫　056

第三卷
为君奏琴忽弦断

曝　信　069
流　言　077
冬　至　089
亲　吻　096

第四卷
相思相见知何日

邀　请　107
赴　欧　116
思　恋　125
斡　旋　133

第五卷
重逢宛然为君笑

重　逢　143
离　婚　150
秘　密　158
相　拥　166

目 录

第六卷
飞红万点愁如海

成婚	175
乡居	183
入沪	191
迁居	198

第七卷
金谷飞絮何时休

浮华	205
恨晚	211
裂隙	222
作别	227

第八卷
到老不作寻仙梦

绝望	237
永诀	244
后事	254
守望	260

第 一 卷

人生若只如初见

第一卷　人生若只如初见

初　见

一九二四年五月八日，是老诗人泰戈尔的六十四岁生日。

于一个月前访华的泰戈尔，将在北平度过让他跨向六十四岁的这一天。而新月社，则在这一天以英文演出老诗人的诗剧《齐德拉》来为他祝寿。

此时的北平，是流露着许多生气的。西方的风吹过太平洋，吹到了"中华民国"北方的这座城市。许许多多与西方合办的新式学堂建立起来，许许多多的剧院戏院也都开始上演西方戏剧，许许多多妇女脱下了紧束的旗袍换上了大裙摆的伞裙。街头巷尾，商贩们不知疲倦地吆喝着，甚至常常是带着笑的。孩子们天真无忧的眼时而瞥向路边的糖人儿，却还是没有告诉身旁的大人他们心中所想。妻子挽着丈夫的手，丈夫手中握着报纸却并不急于看战事如何。混乱政局下军阀的割据统治并没有影响到北平的一派平和。然而不平和的，则是这片平和下渐渐觉醒的思想与文化。

此时的新月社，一年前刚刚在北平成立。建立的初衷，是希望与几个"爱做梦的人"在艺术上"开一条新路"。而新月社的名字,便是徐志摩从泰戈尔老诗人的诗集《新月集》中取得。同时,徐志摩在《新月的态度》中表示,"新月"二字,意在以"它那纤弱的一弯分明暗示着怀抱着未来的圆满"。这些"爱做梦的人"多半是留美留英的新式知识分子。而梁启超、胡适、徐志摩、余上沅、丁西林、林徽因等人都是新月社的成员。

此时的徐志摩,大概可算是新月社的负责人。从发起到取名,再到现在举办或大或小的活动,无一不是徐志摩在其中操持着。他常常坐在内室角落的那方几案旁,挺直了腰板,一边喝着茶一边看着新月社里忙碌的人们。每每此时,他的眼睛总是显得那样明亮,因为他所见的景象里有希望。然而究竟是对于什么的希望呢,是人生是理想还是新文化萌芽的成长。想到这,他又总是自顾自地摇一摇头,然后对自己笑一笑,因为他自己也说不清那究竟是怎样一种希望。

此时,正是正午。阳光透过窗棂洒在地上,映出窗格的纹路,透出一种暖洋洋的舒适感。也许,这正是打个瞌睡的好时候。可是,睦邻剧院里却忙成一片,挂横幅的挂横幅,扫地的不断清理地上的杂物,挂幕布的踩在凳子上听着指挥。这里,丝毫不见那种午后的慵懒。只因这里今夜将要上演一部著名的诗剧。

徐志摩则坐在观众席的正中央,看着剧院的工作人员和新月社的几个人一起布置现场。他很少对布置指指点点,只有偶尔会提醒工作人员某物摆放得不当。他既是新月社的负责人又是这晚诗剧的主角,可是显然,他并没有义务坐在这里。他只是碰巧早早来了剧院,又无事,便坐在这里罢了。

"志摩,用午饭了没?"耳畔是熟悉的声音,徐志摩回头一看,正是这场诗剧的导演张彭春。

"还没有。早餐用得晚了些，还不饿。仲述可用午饭了？"徐志摩泰然答道。仲述乃是张彭春的字。

"自然是没有。不如我们兄弟二人一齐用了午饭吧。"张彭春提议道。

于是张徐二人便到睦邻剧院旁新开的骨头馆去吃午饭，张彭春的心情似是很好的，一直夸口这骨汤味道纯正。而徐志摩却带着那么一丝常人无法洞见的惴惴不安。只因这为着祝寿而排演的诗剧《齐德拉》，是由徐志摩和林徽因分别扮演剧中的主角。而梁思成，则担任布景绘制。徐志摩对于林徽因，虽然再不热烈追求，两人以好友身份安然相处，可是此时与林徽因同台分饰男女主角，心中实在无法不起波澜。然而这隐秘的波澜，张彭春自然是没有察觉的，只以为徐志摩在观众席的静坐是出于他诗人的本性。

"却说今日，陆小曼是要来的吧？"张彭春把话题从骨汤转移到今晚的盛会上。

"说好了会来的。能请到她，还是靠着胡适和她的交情。想这老诗人也是没见过她的。只听胡适说，陆小曼却是去听了老诗人的讲座。"这时的徐志摩，回国尚不算久，与这名闻九城的女子尚不相识。可是这陆小曼三个字，到底是听过的。当年有"南唐北陆"一说，唐是指唐瑛，而陆则是指陆小曼。

"其实以这陆小曼的颜色，演这女主角其实也是够格的。却听说她今晚只是来当职员的。"张彭春说着放下了勺子，似乎是吃饱了的。

徐志摩听了这话颇有不悦，不过他心中明白张彭春这是无心之语。毕竟陆小曼在北平的名声，是胜了林徽因许多的。况且，徽因的魅力与灵性想那张彭春也是未能见过几分的。又有谁能窥见林徽因的所有美丽。也许只有自己了吧，徐志摩在心中这样想着。他仍是对林徽因有情的。

可是，世间之事如此复杂，有情又能如何。

想起这其中的无奈，徐志摩只觉得有些倦了，与张彭春作别后便回家小憩，打算登台前再起。

明亮的日光褪去，天色渐渐暗淡了下来。那街前剧院的灯，也亮起了两盏来。暖黄色的光晕里，是遒劲有力的四个大字——睦邻剧院。

徐志摩起得有些迟了，时间虽然绰绰有余，可是他到剧院门口的时候，已经有陆续进场的观众了。他也来不及绕到后门去，便叫黄包车载他到正门。晚上六时，街上的人已多了起来，况且这又是最繁华的地段，黄包车自然不好近前。徐志摩便在有一段距离的地方停了车，自己步行到剧院去。

那剧院门前，甚至已经有了些许拥挤。人头攒动中，他似乎望见了一抹鲜亮的红色。那正是在剧院正门的方向。他怔住，然而那抹红色随即被前面的人遮住。他又向前凑了几步，这才看清，那是一朵红色的花，似是一朵含露的玫瑰。前路总是有人来往，遮挡徐志摩的视线。路人的肩膀贴着徐志摩的肩膀蹭过去，徐志摩很是反感。总是有人挡路，而徐志摩又急于看一个究竟，他心里总觉得前面有什么在吸引着他，绝不仅仅是一枝玫瑰而已。于是他便拨开前面步履缓慢的人，不免有些艰难地挤了过去。那抹红色只是在他眼前忽隐忽现，显得那样远，却又明明是近在眼前。

待又进前了几步，几乎已经到了剧院的正门，徐志摩这才看清，那抹红色是一支斜插于女子发髻里的花。那女子穿着一身西式改良后的无袖旗袍，一身清淡的薄荷绿色。轻轻斜向右侧的浓密刘海下是一双灵动的眼，那双眼并不大，细细长长的，却显得很是明亮。那双明亮的眸子点缀在一张标准的瓜子脸上，恰到好处。女子纤细的脚踝下踩着一双宝蓝色的高跟鞋，在暗淡夜色中这一身配色已是让人眼前一亮，若是在白昼之下，该是艳惊四座了吧。然而此时的她，显不出一丝一毫张扬的气息，尽是一种安然而踏实的美。她站在剧院前为看戏的人发说明书，时而露出神采奕奕的笑容。

这一幅倩影透过圆形的镜片，映在徐志摩的眼眸里，他竟不觉看得呆了。那女子显然感觉到了有人在凝望她，便也转过头来。她望见徐志摩，轻轻地侧了下头，似是在猜一个谜语般思索。她注视着徐志摩棱角分明的俊俏面庞，心中觉得是在哪里见过的。这正圆形的镜片，瘦削而笔挺的鼻梁，还有薄似蝉翼的嘴唇都显得这样熟悉。她努力地回忆着，忽然想起月前的一个讲座。她在台下，而他在台上。她认出了他是谁，可是他却未必认得自己。但若是不认得，为何又这般注视着自己呢。她旋即又摆正了头，似是认识徐志摩一般与徐志摩对视着。徐志摩看到这女子发现了他的视线，竟也毫不躲闪，径直回望了过去。

也不知是过了多久，也许有三十四年那么久，又也许只有三秒钟。那女子终于微微一低头，躲开了徐志摩的目光，继续对行人发放她手中的说明书。而徐志摩在那女子低头的瞬间也恍然意识到他必须赶紧去后台换衣服准备登台了。便匆匆走进了剧院。在走进的那一刹那，他还是没忍住，回头望了她一眼。

那一低头，似乎是躲闪，又似乎是一个点头的致礼。

徐志摩匆匆来到了后台，开始化妆更衣，心里却一直在思索那女子是谁。难道是睦邻剧院的职员。可是在这里这么久，他竟然没有见过她。莫非她是新来的。可是，见她所着旗袍和鞋子，不是一般女子可以穿戴得起的。

"志摩，快换衣服，还有十分钟便要上场了。"这一声呼喊把徐志摩从遐思唤回现实里来。他赶紧换好了衣服准备登台。

美轮美奂的布景，寓意深刻的剧本，虽然业余却也用尽心血地表演。台下雷动的掌声已经尽数说明了《齐德拉》的成功。徐志摩和林徽因并排站在舞台上，齐齐对台下鞠躬。然而面对着这样的成功，徐志摩竟然有些分神。悉心筹备了许久的诗剧如此成功，老诗人泰戈尔对他报以如此满意的微笑，而他此刻的内心却是在猜测插花女子的身份。徐志摩环顾观众席，企图寻找到那个女子的身影，可是并不可得。

谢幕回到后台，胡适便凑上来道："志摩，快些换下戏服来。我们去醉仙楼举办一场庆生庆功兼得的宴席！"

志摩连声道好。抬头的一瞬间，又在后台瞥见了那抹鲜亮的红色。他定睛望过去，那着薄荷绿色旗袍的女子正坐在妆台边与一个男子说笑。那男子背对着徐志摩，并看不清身份。

胡适顺着徐志摩的目光望过去，看着徐志摩在他看来带着一丝呆滞的目光疑惑地说："小曼自然也是要出席这宴会的。虽然她今天低调得很呢。"

陆小曼。原来她便是陆小曼。他早该想到的，世间如此美丽的女子又能有几人，不是名动北平的陆小曼又是谁。南唐北陆，当真明艳动人。

第一个瞬间，他有些欣喜。一直苦于不知女子身份的他终于知道了。这样出身显赫的女子，却也能安安静静地在剧院门口发放说明书。灯光下明艳如牡丹，夜色里却也有路边蒲公英那种静谧的美感。这样的气质，或可称为灵性了吧。然而下一个瞬间,他又有些沮丧。这陆小曼明明是让他心动了的,可是这京城里谁人不知谁人不晓,陆小曼乃是王赓的妻子。而王赓又是同与他师从梁启超的师兄弟。徐志摩深刻地知道,他对陆小曼的情思,也只能发乎情止乎礼了。

想到这,徐志摩应了一声:"这原来便是大名鼎鼎的陆小曼了。"这大名鼎鼎四个字,用的是别有意味。可是当时的胡适,自然是听不出来的。徐志摩说话间换上了长衫同胡适先行赶往醉仙楼迎接大家了。

场面自然是热闹的,老诗人泰戈尔的庆生会兼《齐德拉》的庆功会,自然是来了十几号人的。寒暄问好,又谈起最近几家报社文人相轻的骂战,好不热闹。可是这一天风趣幽默、能言善道的徐志摩却说得很少,他还是克制不住地瞥向他的右方,陆小曼的方向。

她耳边的那抹红色一映到他眼睛里,他便想起他初见她的情形。他为那飘忽的红色而跌跌撞撞,终于走到她面前,与她对视——浓密的刘海,灵动的眼,薄荷绿色的旗袍,宝蓝色的鞋子。还有那似带着羞赧的一个低头,丝毫不像是转遍舞池的社交皇后,倒像是一个十七岁情窦初开的少女。

想必你不知道,你低头的时候,最是温柔。

小 曼

一九〇三年农历九月十九日，淅淅沥沥的秋雨在上海的午后呜咽着不肯离开。就是在这场充斥着凉意的秋雨里，上海南市孔家弄的一座大宅沐浴在雨中，透出江南雨季那种特有的静好。深红色的大门上方是一块黑底的门匾，上面写着遒劲有力的两个金色大字——陆府。

这间奢华的大宅里，居住着陆氏家族。关于陆氏家族，其记载则起于晚清。陆小曼的祖父陆荣昌，任晚清朝议大夫，是一位顺应时代而又敢于革新的进步人士。彼时正是咸丰年间，太平天国起义爆发，可谓声势浩大。而清军与太平天国对常州一带的争夺十分激烈。居于此地的陆荣昌便举家迁移到了上海，以图避免战事牵连。这时的陆荣昌其实已无实权。然而只剩虚职的他却十分热衷于公益事业。每每战事使得人民受灾，他总是慷慨拿出家财周济于民。其以己力赈灾之正义形象使得他在当地广受爱戴。以至于在他溘然长逝十余载后，大总统黎元洪亲笔为陆荣昌题匾额"饥溺为怀"，只为纪念他。

这间大宅里的每一个人，都铭记着陆荣昌的勇敢和胸怀。

穿越过深红色大门便是外庭。依稀看得见两个佣人忙碌的身影——

"翠竹，夫人又要生了。这次可得细心照料着。"年纪稍大的一个开口道。

"李姨，若说细心照料，哪一次不是一万分地小心。可还是……"被唤翠竹的丫头抿了抿嘴唇没有说下去。

"哎，都是命。"李姨叹了口气，旋即又道，"快把这药端到夫人房间里去吧。"

这两名佣人口中的夫人，便是这陆府的女主人吴曼华。吴曼华是常州白马三司徒中丞第之后代。其上祖吴光悦曾做过清代江西巡抚。吴曼华在当时便凭借着自己高雅的气质与横溢的才情，成了名满江南的才女。她不仅有着深厚的古文基础，更善于工笔画。然而，就是这样一位知书达理而又才情横溢的大家闺秀，婚后诞下的四个孩子，都早夭而亡，连佣人们都要感叹红颜福薄。

那夫人的房间，便在内庭正院的二层。一个白白胖胖身着长衫的男子站立于门外。他的脸上带着一丝焦虑，可又是那样不着痕迹，你所能轻易看到的，还是他的一脸和气。白胖的身材，和气的神情，活像一尊弥勒佛。

"老爷，干吗不进去守着夫人。"李姨已然带着翠竹到了吴曼华的房间外。

"这屋里促狭得很，挤了大夫随从那么多人，我怕人多了曼华透不过气来。"男子说着话，目送着翠竹把药送进了房间里，目光尽处，满是心疼。

这男子便是陆定。陆定原名为陆子福，自小便逢考必中，更是轻而易举便考得举人。随后被清政府公派到日本留学，就读于早稻田大学。留日期间，天资聪颖又勤奋好学的他成为老师伊藤博文的得意门生。此间，他又加入了孙中山先生的同盟会。回国后加入国民党，立即成了北洋政府与南京政府异常活跃的积极分子。跻身于上流社会，更是结交了很多北洋政府的关键人士。在最为动荡的时期，陆定毅然选择了辞官下海，筹集了大量资金，创办了"中华储蓄银行"。至此，他资产倍增，成为显赫一时的豪门望族。

在商界和政界，陆定都称得上是风云人物。然而偏偏自己的妻子，生子总是早亡。想到这里，他脸上的担忧又显现出来。然而，他总是极力地掩饰自己的担忧，怕家里的佣人看见，更怕自己的妻子看见。他始终安慰自己，这一次不会再像从前一样。所以，他尽量让自己表现得好像从前的事情都从未发生一样。

忽然之间，一声响亮的啼哭传入耳中。门外的陆定下意识地把头扬了扬。

"老爷，是个女孩！"屋内的通报声传来。

陆定赶忙转身进了屋，坐在了妻子身边，他看了一眼女儿，旋即柔声在妻子耳边道："曼华，是个女儿，漂亮得紧呢。"

"抱来，我瞧瞧。"吴曼华的声音很小，却很是清晰。

身边的丫鬟把怀中的婴儿凑到吴曼华身边，吴曼华望了一眼，婴儿面上红得很，哪里看得出漂亮与否，想必是老爷高兴过了头。然而吴曼华也不戳破，看着丈夫笑了笑："确实是漂亮得紧。"

就这样，陆家的第五个孩子——也是陆家九个孩子里唯一幸存的一个，诞生了。陆定说这孩子貌美，就像吴曼华，于是为她取名小曼。

陆小曼带着与生俱来的显赫地位，在父母的担忧和无限疼惜里，降生在了上海的一片烟雨之中。

上海的烟雨，总是带着那么一点点缥缈婉转的意味。而生于上海的陆小曼，也有那么一种与生俱来的婉转气质。上海的婉转与小曼的婉转相互缠绕着，宝地养人，人也润土，就这样成就了陆小曼的一身灵性。

待长到一岁时，已经可以看出陆小曼是个天生的美人胚子。这个女子，虽然从小体弱多病却生得一副白皙水嫩的皮囊。面相姣好然而体质娇弱的陆小曼被照顾得很精细。作为唯一幸存的孩子，陆定、吴曼华夫妇更是付之于无限宠爱。陆小曼只要对什么东西多看了一眼，多品了一口，陆定便叫管家厨师去把陆小曼喜欢的东西多备一些。陆小曼从小便习惯了对于任何想要之物都唾手可得。也许正是因为一路走来全无阻碍未曾受挫，才自小养成了对于所想所爱敢于追求的个性。

陆小曼两岁时，陆家便又举家迁徙到了北京。吴曼华每日都在家中与陆小曼相伴。彼时的吴曼华经常于家中作山水画，小小的陆小曼便在一旁静静地看着。吴曼华看见陆小曼眼眸里的专注，便知道陆小曼对绘画有浓厚的兴趣。便自四岁起就开始教陆小曼绘画之艺。陆小曼也学习得十分认真。待陆小曼长到了七岁，陆定与吴曼华便将陆小曼送到了北京女子师范附属小学读小学。而后又于北京女中读中学。

陆小曼自小便聪颖过人。民国初年，袁世凯执政，对京城内的人士进行排查。那时的陆定习惯将重要的文件都带在身上。而那日的早晨陆定在门口遇见了陆小曼，陆小曼劝他说文件带在身上，突发事件不可预估，总是多几分危险，不如放于家中安全些。陆定一直以来便很欣赏女儿的聪颖，便把文件都放置于书房才出门。

谁知这日陆定一出门便被袁世凯的手下抓捕，搜身。其手下搜身未果，便又进入陆小曼的家中搜查。他们翻遍陆定的私人信件也没有找到证据。见了陆小曼，便觉得小孩子总不会骗他们，于是便问陆小曼："你父亲的信件都放在哪里呀？"陆小曼也不惊慌，镇定而机智地回答道："那些被你们翻出来的，不都是私人信件吗？"搜查的人仍不死心，追问道："那才有多少，其他的信件在哪里呢？"陆小曼眼珠一转，好似思索了一番回答道："父亲的信件，都是在书房的，若是那里没有，别处怕也是没有的。"搜查的人心想孩子总不会骗人的，便悻悻离去。

而那党证文件，早早便被吴曼华安置妥当了。袁世凯的手下见搜不到任何证据，同时陆定身上也没有可疑的文件，便将陆定释放了。

陆定惊讶于陆小曼的机灵，对陆小曼的喜爱更是增加了一层。

陆小曼是九个孩子里唯一幸存的一个孩子，想必也集聚了九个孩子的智慧了。

当时，很多西方学堂在北京都新建了学堂，为的是方便在北平的外籍学生。很多北平的商业巨贾也将自家子女送到这些学堂中，让他们接受新式的教育，开阔眼界。对女儿教育十分重视的陆定吴曼华夫妇也是不惜昂贵的学费，将陆小曼送到了北京圣心学堂学习。法文、钢琴、丹青、油画、舞蹈等科目都在陆小曼的课表之上。

在圣心学堂陆小曼在各个方面都展示出超人的天赋。法文课上，区区几个月陆小曼便可以与老师进行流利的基本对话，经常在课前做法文小演讲。然而陆定发现陆小曼的课表上只有法文却没有英文，便与吴曼华商量，为陆小曼请了一位英文家庭教师，专职在课后教陆小曼英文。彼时的陆小曼对一切都充满了好奇，因此丝毫没有抱怨父母为她安排的"课后补习"，反而以十分好学的态度接受了自己的英文老师。于是，从字母到单词，从单词到句子，从听说到读写，陆小曼对英文的熟练程度很快便与她的法文无异。不仅能流利地进行英语对话还对于翻译到了精通的地步。

从来没接触过钢琴的她，对这奇妙的乐器也怀着浓厚的兴趣。激昂或是轻缓，在她的手指下都和谐地交织成一曲美妙的乐音。在课上的独奏引得学生和老师的齐声鼓掌对陆小曼来说已是常事。天赋禀异的她在第二年便担任了音乐方面的学生代表，在重要活动频频上台演奏。听过那场表演的人，一定忘不了陆小曼在那次盛会弹奏的《法国组曲》。那日，陆小曼演奏了法国组曲中的四部：《阿勒曼德舞曲》《库朗特舞曲》《萨拉班德舞曲》以及《基格舞曲》。第三第四组曲，分别是最慢乐章与最快乐章，其变换处的音节衔接有一种说不明的别扭之处。陆小曼灵机一动，大胆地在组曲的间隙中融入了《小步舞曲》《布莱舞曲》《帕

赛波耶舞曲》《福特舞曲》《波洛涅兹舞曲》等间奏曲作为衔接。使第三第四组曲完成流畅的过渡。不仅如此，陆小曼还在曲子的结尾处加入了赋格的手法，迎来了演奏中的又一次高潮，使她弹奏的《法国组曲》成了过耳难忘的乐曲。

从小便与母亲在书房泼墨山水画的陆小曼，在绘画课上更是轻而易举便可以画出别的同学反复尝试后才能画出的效果。当时圣心学堂不仅开设了山水画这门课，更有盛行于西方的油画科目。陆小曼凭借着坚实的水墨画基础在油画上也毫不示弱，天生聪颖又富有大胆创意的她，将山水画的作画方式融入了油画的创作中。使自己的画作别有一番风情。有一次，一位到圣心学堂参观的国外贵宾，在漫步过圣心学堂的辗转回廊之时，忽而瞥见了在墙上作展览的一幅油画。那油画中所画乃是山水，山之坚挺深沉，水之沉静秀美，就那样跃然纸上，呈现在了外国贵宾和伴他参观的校长眼前。贵宾看着眼前的油画，心中流露出深深的欣赏之情，便对校长提出了收藏此画的要求，并且以二百法郎支付给校长，用于学校的建设。而这幅油画的作者，正是陆小曼。

除却音乐与绘画，舞蹈课上，陆小曼翩然的身姿也吸引了无数目光。陆小曼爱极了那翩然欲飞的感觉。若说绘画与音乐尚有相通之处，那么舞蹈便是一种相对独立许多的艺术了。圣心学堂经常举行大大小小的舞会，陆小曼凭借着与生俱来的节奏感与肢体协调能力成为舞会中最为灵动的精灵。

可以想见，这样一个在各方面都如此出众的女子，在学生中犹如一只昂然站立的仙鹤。圣心学堂里的学生，无一不知道陆小曼的名字。陆小曼，就这样带着她标准的瓜子脸，闪耀着灵性的双眼，白皙而又通透如玉的皮肤，迈着盈盈细步行走在圣心学堂的校园里。她身边，总是围绕着那些洋学生，为她买零食、赠送好看的发卡、为她拎着并不沉重的书包。对于这些，陆小曼的态度也是冷冰冰的。因为这一切，她自小便是习惯了的。她早已经习惯了自己的美丽和优秀，自然也习惯了优秀美丽的光环所带来的东西。然而那些围绕着她的人，对她冷冰冰的态度是丝毫不介意的。不仅如此，还称她为"东方美人""校园皇后"。

不过，那时的陆小曼仍然未涉世事，对于社会的理解并无多少，或许还不可以称之为"皇后"。然而此后的一件事——可以称之为陆小曼命运的转折点，是确确实实让陆小曼当得上"皇后"这两个字的了。

一九二一年，陆小曼刚好十八岁。那一年北洋政府决心从根本上改变清政府遗留下来的闭关锁国的状态，大批洋人涌入中国。作为外交部部长的顾维钧开始感觉到应接不暇。面对排得密密麻麻的舞会、派对，一波一波要招待与应对的宾客，顾维钧感受到，他需要一位帮他应酬的社交助手。于是，顾维钧便选择了当时鼎鼎大名的圣心学堂，请他们推荐一名优秀的学生来担任自己的助手，接待欧美各国使节。

那日，从学堂归家的陆小曼刚一踏进家门便见到了母亲。吴曼华亲切地帮陆小曼除下书包，又帮她整了整额前的刘海道："顾外长来了，要见你呢。"

陆小曼的眼球转了转："顾外长是谁？"

"顾外长是外交部部长，你们学堂推荐了你做他的助手，他恰巧与你父亲又认识，便来家中瞧瞧你。"吴曼华眼含笑意地解释道。

陆小曼应了声，迈着欢快的步伐走向正厅。顾维钧一见她，便用英文与她寒暄。她倒也不紧张，一一从容应对。对英文的熟练掌握使得她在机会到来的时候，成了"有准备的人"。这时的陆小曼，各科成绩皆名列前茅，更是凭借着不凡的外表以及高贵的气质享有"校园皇后"的美名。顾维钧所需要的社交人才，正是陆小曼这样的女子。于是，在父母的鼓励和支持下，陆小曼当之无愧地成了顾维钧的助手。

至此，陆小曼开始了三年的外交翻译生涯。陆小曼虽为女流，可她并非只会弹琴作画的女子，她心中自有一份对祖国热烈而真实的爱——也许是源于自小阅读的书籍，也许是源于吴曼华自小的教育，也许是承自陆荣昌的爱国情怀。

一开始，陆小曼就带着极为严肃认真的态度来对待这份工作。她心中深深明白，外交工作绝不是常人以为的喝酒吃饭跳舞那般简单。担任顾维钧的助理，代表的便是中国，一言一行都要万分谨慎小心才可以。同时，所要做的工作也不仅仅是应酬而已，更重要的是维护中国的尊严，在洋人面前树立中国的形象。

不可否认的是，陆小曼不仅顺利地完成了这个任务，她的工作可谓极其出色。

在陆小曼成为顾维钧助手不久后，法国的霞飞将军便访问中国了。陆小曼和顾维钧陪同他检阅我国仪仗队。然而不知何故，这日仪仗队竟然步履杂乱，而且动作也不整齐。对于一个军人——尤其是重视军容的霞飞将军来说，这是无法容忍的事情。他实在有些不满，便道："你们中国练兵的方法与世界上别的国家有什么不同么，竟然如此千奇百怪！"

面对霞飞将军毫不客气的奚落，在场的工作人员沉默着不知如何回应。而陆小曼则一脸从容地打破了这段令人尴尬的沉默，她充满智慧地答道："亲爱的将军，我们的练兵方法与别国并无相异，只是大家都曾听过将军您这位世界闻名的英雄名字，今日终于能得一见。想必是因为太过激动，才无法使动作整齐。"

霞飞将军吃了一惊，他没有想到这样机智的应对竟是出自眼前这个少女之口。陆小曼这样机智而又勇敢地打破了沉默，化解了尴尬，维护了中国的尊严，同样也是让顾维钧吃了一惊。霞飞将军看着陆小曼灵动还带点羞涩的脸，不禁夸奖道："你真是会讲话！嗯，很聪明的姑娘。"陆小曼微笑地对霞飞将军行了一个礼，以此感谢他的夸奖。

从此，陆小曼更是对自己有了信心。她深信，只要心存对祖国的热爱并且不要慌乱，就可以应对好大部分突发状况。她从这份工作中感受到了巨大的成就感。

在外交部，除却陪同外国贵宾检阅仪仗队，很多时候也要陪同外宾们进行娱乐活动。观看国粹表演便是其中一项。

然而，中国戏曲博大精深含蓄婉转，并不是人人都能看懂的。就连一部分国人都无法看懂，更何况对于汉语并不娴熟的外国人。于是乎，在一次观看中，一个看不懂京剧、昆曲的外国人便有欠礼仪地大声抱怨道："这节目实在糟糕，咿咿呀呀到底讲的是什么都听不明白，为何要在舞台上演出？"

戏曲对于外国人确实是晦涩难懂了些，以他们惯用的艺术欣赏角度，确实很难品味到中国戏曲那种深邃的美。可是这样当众抱怨，确实很没有素质。陆小曼听了他的抱怨，非常不满。虽然陆小曼也喜欢外国的歌剧，可是对中国的戏曲，她的感情也是十分深厚的。她明白这中国文化的精髓，是绝对不容许外国人随意批判的。于是，她毫不示弱却也不带冒犯之意地回应道："这京剧乃是我国最有特色的节目之一。你觉得无趣可能是因为你并未看懂，就好像普通的中国人也不一定能欣赏法国的歌剧。你们多了解中国的文化，便可以欣赏这戏曲的美。"

而那个刚才抱怨的外国人，在陆小曼不卑不亢的话语中也明白了自己的无礼。他不仅不反感陆小曼，反而对她表示尊敬。

陆小曼讲完那番话便送给了自己一个常人不易察觉的微笑，她深深喜爱着自己的勇敢。这次之后，陆小曼更加明白了软弱始终是无用的，只有坚强和自信才能够赢得尊敬。

陆小曼在外交活动中一次又一次机智的言行都被顾维钧看在眼里。以至于后来顾维钧当着陆定的面对朋友们说："陆建三的面孔，一点也不聪明，可是他女儿陆小曼小姐却那样聪明漂亮。"陆定彼时并没有为那句"陆建三的面孔，一点也不聪明"而气恼，反而满心都是对"陆小曼小姐却那样聪明漂亮"的欢喜。陆小曼，确实是他的骄傲。

除此之外，令陆小曼成为名动京城的名媛的，是她在舞会上的翩然身姿。外交部举办舞会是常有的事情。而陆小曼本身，又是爱极了跳舞的。陆小曼纤巧的身影穿梭在舞池里的时候，总是吸引着许许多多人的目光。身着明艳衣衫在舞池中恣意旋转的她，有如一只灵动的蝴蝶在花丛中嬉戏。以至于后来，若是哪天舞池中没有陆小曼的身影，宾客们都要大呼遗憾。

这时的陆小曼可谓用自己的舞步带动着整个社交界的旋律。

然而，年方二十的陆小曼虽然已经名动京城，却仍然未曾尝过爱情的滋味。

盛名的光环下，去陆家求亲的人络绎不绝。可是陆定却迟迟未将陆小曼许配出去。直到唐在礼夫妇引荐了一名叫王赓的青年。出生于一八九五年的王赓这一年二十七岁，祖上为官，然而到这了他这一辈没落了下来。一九一一年自清华大学毕业的他被保送到美国留学，最初入读密歇根大学，又就读于哥伦比亚大学，而后就读于美国普林斯顿大学。王赓在普林斯顿大学拿到文学士学位后，于一九一五年入西点军校攻读军事，随后考入了精英班。精英班可谓西点军校最好的班级，王赓的同窗艾森豪威尔便是美国第三十四任总统。

这样的青年才俊，看起来与陆小曼是那样的相配。于是，当王赓向陆家提亲时，陆定与吴曼华便同意将陆小曼许配给他。

彼时的陆小曼，对父母为她指定的婚事是没有什么意见的。在她眼里，王赓也是配得上自己的人。这些年来陆小曼也见过许多的人，她看得出，王赓是有真才实学的人。

由于彼时王赓的经济实力并不十分强大，便由陆家负担费用，为他们二人举行了在当时极为盛大的婚礼。婚礼在海军联欢社举行，光女傧相就有九位之多，皆是当时名流的千金。婚礼当天，来宾破百，几乎挤破了海军联欢社的大门。

陆小曼就这样从一名少女变为了王太太。

而在一九二四年五月八日——老诗人泰戈尔的大寿这一天，陆小曼就是以王太太的身份站在睦邻剧院的门口发放说明书。对于那新月一样的诗篇，陆小曼是真正爱的。所以，即使没有旁人的盛情邀请，陆小曼也是要来看这一幕《齐德拉》的。然而，具有显赫身份的她带着由衷的微笑接下了这份在旁人看来有些"低微"的工作。可是她心里倒是想得开的——她既不是主演，也没有参加编排，若要安排别的工作怕也是虚职，还不如这样的工作，倒是实实在在地出了力。

这一日，她在花园中取了一朵含露的红色月季。虽不是园子里开得最鲜艳的那一朵，却是红得最特别的那一朵。这红色并不鲜亮，甚至是带了一点暗淡的。可也正是这份暗淡，让神色里带着些许傲慢的陆小曼显得沉静了下来。院中代表着富贵的繁盛牡丹就这样变作了路旁安然静谧的紫色野花。这二者自然是不一样的美。

这朵褪去铅华的"花"就那样在天色已暗然而路灯也并不明亮的剧院前，她穿过人群看见了那个跌跌撞撞的人影。终于她看清了他瘦削的面庞，鼻子上架着一副圆形的眼镜。她似乎是在哪里见过他，可是他离她始终是远，她看得并不清楚，索性便不去想他是谁了。她只是定定地觉得对方在望着她，她便也直直地回望过去。

那几秒，她在想些什么，连她自己都说不清。

也不知过了多久，她终于觉得倦了，便收回目光，下意识里微微低了一低头。那花朵在她鬓角处也含羞似的一低头。

云鬓斜簪，徒要教郎比并看。

志 摩

光绪二十二年（1896年）十二月十三日酉时。硖石镇，保宁坊，中宁巷第四进院子里，一个小男孩呱呱坠地，他的父母为他取名为徐章垿。

那时正是清末时期，两岁的徐章垿还梳着一个小小的辫子，长着一个大脑袋，像是留着一个"猪尾巴"，显得特别可爱。那时他的父亲就请了一个名叫志慧的和尚为儿子看相。那和尚看了，说是这孩子将来必成大器。后来徐章垿北大肄业赴美，并为自己改名"徐志摩"——志慧和尚摸过的。徐章垿出生的这一年，他的父亲徐申如二十五岁，而母亲钱慕英二十三岁。

徐氏家族于今看来，实是令人望而生叹。徐章垿族亲中不乏金庸、穆旦、琼瑶、蒋百里等人，可以想见徐家的书香气氛。

彼时的徐申如是个励精图治而富甲一方的企业家，早在1907年，他就已经是硖石商会副会长了，经商处事的头脑甚是了得。当地有一个影射出他"神通广大"的传闻，说是那时正筹备建造沪杭铁路，大家都听说是徐申如的手段让施工队设计了两张图纸，以硖石为界，一张稍偏左，一张偏右，这么一来铁路就能绕着弯经过小小的硖石镇，带动了周边的商业经济萌芽成长。而此等大事只怕不是图纸上动些手脚能起效的，据说徐申如的人脉十分广泛，竟得到著名留美工程师詹天佑的技术支持，为这件事保驾护航。虽然不知是真是假，但徐氏在当地的威望可想而知，如此精明的父亲，如此显赫的家世，在日新月异的革新时代，徐章垿开始留下微小却十足清晰的足迹。

"好天，今天才规复我眼睛的权利！"十岁的徐章垿刚从开智学堂放课，傍晚走在杂草丛生的泥城桥上，这是他第一次试戴近视眼镜，把他与生俱来的书生形象衬托得淋漓尽致。"哈，真是一个伟大蓝净不相熟的天，异哉！"他不禁睁着几百度镜片后的"神"眼，激动地大叫。一旁的好友吴其昌也兴奋地观察着眼镜这新鲜少见的玩意儿，一边跑在前头，一边欢快地与章垿聊着："今日张先生读了'……为……哉'的文章，什么名我也忘了，只觉得拖拉的尾音比龚云甫的唱戏还有味道呢！"

徐章垿伸手扶了一下滑下鼻梁的眼镜，说道："为国者无使为积威之所劫哉。这是苏老泉的《六国论》，常令我有醍醐灌顶之感。"吴其昌马上停下脚步，思索了一下，一拍脑袋，恍然大悟："对对，确是苏洵的。你的一篇《论哥舒翰潼关之败》总是被张先生比作《六国论》第二呢。"谈笑间，两个少年走过两个岔路口，先是经过吴家，他们便挥手分开了。一过新年，他们就要一起赴杭州考初中了，大概学校初办，宿舍一事始终没个着落，所以家里都开始仔细打算着住宿的安排。

一年一度"放榜"的日子来了，硖石镇的老少妇孺都竖着耳朵四处打听，是哪家的聪明儿有着上杭州府中的资质。茶馆里每到晌午就热闹，今日更是人来人往，上茶的小童跑了那么多回，桌上的客人换了一波又一波，但话题的人物总是离不开开智学堂"神童"徐章垿考入府中的消息。有的人怯怯地议着："有徐申如做父亲，怕是摘星都行。"有的则戏谑地反驳:"瞧你这吃不到葡萄的可怜样,人家在学堂里就已经是一等一的才子,那文章早就传遍了!"有的只是优哉游哉地喝茶,听着斗嘴皮子的话,消磨着民国时代的时光。

在十八岁的徐章垿求学于杭州府的那年夏天,徐家出了一件大事。古朴幽静的徐氏院子里气氛很紧张,空气仿佛都凝固了一般,这是因为方才徐章垿斩钉截铁的一句话:"乡下土包子,我不要这种包办婚姻!"他瞥了一眼才送来的包装体面的信封里的照片,把嘴角往下一撇,带着几分恼怒不屑地说。

徐申如坐在一旁神情严肃。他不接口,装作饶有耐性地看着儿子,似乎非常想听他的意见,并马上示意妻子,徐夫人看到后便笑吟吟地走近章垿,温柔地安慰:"儿啊,还记得娘跟你说的婚娶的重大意义吗?这也是孝的表现。况且你在婚礼上就是众人艳羡的主角,娘到了这个年纪,只求看看你成家的模样。"望着儿子犹豫不定的样子,徐申如终于开了口:"章垿啊,倒也不急着决定,你先出去走走,想好了再告诉我们。"

徐家这场"风波"的缘由还得从上海有名的张家说起。谈到张家,在上海真是无人不知无人不晓,光是张君劢和张公权(嘉璈),一个是民主社会党领袖,一个是金融实业家就已经令人咋舌。

那年春夏间,就是这忙碌奔波的两人难得地聚在张家的客厅里,谈得十分尽兴,连茶几上的莲心茶冷了也顾不上品。"当日我在百里的客栈里见过徐氏父子,徐先生虽是商海强手,但也培育出这么一个满腹诗书而饱含政治抱负的儿子。"

张君劢悠然起身,走到一旁的檀木桌边,拿起仆人刚刚沏好的另一个紫檀茶壶,边给四弟倒茶边专心听着,"二哥,这也太巧了吧!几周前我去杭州府中视察,一眼就看中徐章垿的文白夹杂的议论文——不仅文笔出众,而且笔法遒劲。真有其先生的几分模样,还添了些青年的激情。"此时张君劢已坐下，淡定地品了一口茶，提议道："我们还有几个姐妹，总得为她们寻到一个好夫婿，你觉得哪个妹妹合适？"

张公权忙摆手，急切地说："这我可想好了，温柔听话的四妹与章垿最配。"张君劢低头看了一眼左手精致的石英表，下了决定，交代道："长兄如父，我就这么做主吧。你先给徐申如先生写封信，别忘了附上四妹的照片。我有事，先走了。"他拍了拍四弟的肩膀，听到令他满意的答复后，便转身出门乘车离开了。

于是，这封信像颗炸弹投向徐家，引发了徐家这场不寻常的争论。

而一见儿子侧身出门，徐申如就回到书房，令妻子磨墨，提笔回信道："我徐申如有幸以张嘉璈之妹为媳。"

只见徐章垿从家里出来，信步来到西山半腰的梅坛，陷入了苦思。而他生性富于感情，且孝心昭昭，思前想后还是心不甘情不愿地决定不再抗拒。而这与徐申如的料想不出二致。

古人言人生有四大喜事，一为洞房花烛夜，二为金榜题名时，三为久旱逢甘露，四为他乡遇知音。一九一五年十二月五日，是徐章垿的人生第一大喜，这一年徐章垿二十岁，张幼仪十六岁。

他不再无妄幻想，为北大深夜苦读已有贤妻相伴；不再寻寻觅觅，张家给了他徐家时最缺的话语权；但他也不再能拥抱自己的心，感情的喷发和政治的诉求都没找到能寄托的对象，现在连婚姻竟也不是自己能做主的。

唉，确实怯懦！也罢，我心头里是誓要四处地游学的，妻子只是少见少聚的。西装革履的徐章垿看着硖石商会喜气洋洋的宴会桌上银边勾勒、龙凤镶金的朱红喜帖，内心思绪万千。

门德尔松的C大调乐曲响起，裙裾拖地的新娘张幼仪，低垂着双目，

第一卷 人生若只如初见

走过两旁流光溢彩的金银底座的花饰台子,那些是幼仪的六哥远赴欧洲不惜重金买下的,不少人纷纷议论徐张两家这盛大隆重的结合。

婚礼的主持是萧山汤蛰光老先生,随着他抑扬顿挫的最后一句:"珠联璧合洞房春暖,花好月圆鱼水情深,海枯石烂同心永结,地阔天高比翼齐飞。祝你们百年好合,白头偕老!"徐章垿拥有了一位只属于自己的美娇娘,尽管他心里并不欣喜。

平静的三年过去了,徐章垿更愿意称之为平庸的三年。逃离的机会终于来了,赴美留学的狂潮席卷到了中国。他费了番周折,总算说服了父母,欲与一行好友乘坐轮船出发。

一九一八年,上海,十六浦码头,南京号轮。船舱里一身笔挺西装的徐章垿低着头,不顾被海风吹散的利落短发,奋笔疾书着,"幸而有成,亦所以答诸先生期望之心于万一也",落款人是"徐志摩"而不是"徐章垿",这正是他重新(从心)开始一段生活的决心。一盏茶的工夫,他就完成了这篇洋洋洒洒的有感而发的散文。这是他从徐章垿到徐志摩的蜕变之始,从此,他便是徐志摩了!

他走出摇晃不止的船舱,走到开阔的船板上,望着似乎没有边际的蓝天碧海,心头涌起一种闲适感。每当离家求学,远离相敬如宾的妻子,他就会觉得世界都宽敞明亮了一些。

他盯着远处的海浪,呼啸汹涌的浪潮,好像从海底抽扯着,积蓄着巨大能量,从四面八方拍打着脚下的轮船。没有生命的海浪能够摔打出生命的狂想曲,而具有最高灵性的人,难道能够永远囿于一成不变的狭小空间吗?

他想起了刚刚码头边依依不舍的妻子,不禁有些愧疚,因为他此刻正因着避开她而舒畅。三年来,他挑不出妻子的任何错处,她是讨爸爸喜爱的好媳妇,是呵护儿子的好母亲,却不是他的好伴侣,不是红颜知己,甚至称不上情趣相投的朋友。她爱看《红楼梦》,他欣赏《飞鸟集》;

她喜欢当个管着琐事的女主人，他喜欢有关政治历史的座谈；她有着一双仅仅注视眼前现实的黑白分明的瞳孔，不像他将命运寄托在那富有浪漫情调的一扬手间。这使他苦闷！他开始感到这种纯粹父母之命、媒妁之言的婚姻是不能让步的大错误，可这至少不是她的过失，秉着善良心地的他又不忍伤害她。转念一想，儿子阿欢的诞生，让妻子感情也算有所寄托，自己也对得住祖宗和父母，他要实现心中的大想法了……

海上生明月，夜色来得快来得紧。皓月当空，繁星浩瀚，缀满越来越黑的天幕。徐志摩第一次离开祖国，挡不住兴奋，仰卧在船板上，双手枕在头下，被星夜包围的他心中思量着：我望明月，明月望我。我承受这静谧的月光，月上的嫦娥是否也能看到我，感受我心里的一切？我的灵魂，能像希腊神话里的神使莫比丘两肋插翅飞出人间，飞向八十八个星座窥知他们的奥秘吗？也许那里有着更深更高的真、善、美？

太平洋上咸咸的、与众不同的海水味道，撩拨刺激了他的遐思。

他似乎真的飞了起来，向那无尽的宇宙……

时间的齿轮不停地转动，岁月无情地考验着人们的感情生活。徐志摩手中的金色怀表是出国前张幼仪特地托二哥在上海南京东路亨得利买的，三年过去了，仍是一分一秒都没走差过。

去年年底，张幼仪也来英国了，阴冷绵延的马赛港，是他们重逢的地方。那天徐志摩起了大早，常见的阴雨绵绵并没浇灭他心中的小希望。"虽然我贪恋她的温柔，但愿我的阿仪变得可爱多言。"徐志摩心里想着，手上也一直忙活，在大衣柜里找出一件时尚保暖的黑色毛大衣披上，拿出白色丝巾围上，"这样她冷的时候我就给她穿戴上。"

他看到她了，摇着手中的娇红似火的刺桐花大声唤着："阿仪，我的阿仪！"

张幼仪从船上踱步而出，步子迈得很小很轻，那谈不上好看只能说五官清秀的脸蛋略施薄粉,一身裁剪合身的淡紫色中式旗袍,与马尾辫上不起眼的紫色发卡相映成趣。闻声她抬头看了一眼,听着对她来说过分热情地呼喊,她羞得垂下头,手绞着衣角,碎碎快步来到徐志摩身边。才听得他止住,只见徐志摩解下自己的白丝巾,想给妻子亲手戴上,幼仪露出一丝惊慌,向两旁看了看,把他的丝巾接过,侧着身子自己系着。徐志摩心底无奈,一抹失落蓦然之间涌上来,她还是她,一样的端庄守礼,独少了一丝激情。他勉强地笑了笑,心潮澎湃地说:"我想你和阿欢想得不得了了呢!"

"像个什么大丈夫。"她直到把丝巾摆得方正,这才正身对上丈夫的眼睛,"总把儿女私情挂嘴上,如何做得好学问。"

她的话一向不多,但总能像利剑一下刺伤他的浪漫情怀。

他又一次被伤得体无完肤,回家的路上他把刺桐扔进了垃圾桶,因为希望妻子身上跳跃红色热情的他,显得那么可怜。

上帝关了一扇门,就会开一扇窗。刚从伦敦西区的林宗孟(字长民)家回来的徐志摩,心里是认可了这句话的。僻静的英国小路,八月带来凉爽的秋意,时间还早,徐志摩并不急着回家。

他找了个木凳坐下,宝贝似的从内兜里拿出一封信,信上清新娟秀却笔笔有力的字,正是刚认识半年却感着相见恨晚的林徽因写的:"我不是那种滥用感情的女子。你若真的能够爱我,就不能给我一个尴尬的位置,你必须在我与张幼仪之间做出选择。"徐志摩摸着这些墨蓝色钢笔的字迹,枯竭孤单的心一下子就被温暖,幸福感涨得满满的。

半年前,他以"特别生"的资格上了剑桥大学的王家学院,所以搬到了伦敦区。

彼时段祺瑞内阁的司法部长林长民到剑桥演讲,因为林长民与狄更生结交已久,而后者恰是徐志摩万分钦佩的学者,徐志摩就鼓起勇气来拜访林家，望宗孟老伯能引见他认识狄更生。

缘分总是说不清道不明。就是那一次拜访，徐志摩结识了只身在家研读济慈《夜莺曲》的林徽因。只是一瞬间，徐志摩的眼里投影出林徽因的可人模样，让人眼前一亮的改良的中式旗袍外是西式皮草，领口颇有新意地别着一朵蜡梅，头发随意地束起，俏皮可爱；林徽因并不被这赤裸裸的目光吓着，直直对上，也上下打量着刚来伦敦见到的第一个华人，嗯，不赖！而这默默地对视已在彼此心底落下了终生难忘的烙印。

他们相见恨晚，谈得很投机，所谈通究古今，上至天文，下至地理。他们聊莎士比亚的悲剧，英国文学的自缺，连中国政治的走向林徽因也能提出犀利的见解。这样浪漫、自强的女子一下子就给情感世界里"久旱"的徐志摩送去甘露，徐志摩发现，他仿佛找到了走失的另一个自己。那天，他的日记里仔细地誊了一首辛弃疾的词：

东风夜放花千树。更吹落，星如雨。宝马雕车香满路。凤箫声动，玉壶光转，一夜鱼龙舞。

蛾儿雪柳黄金缕，笑语盈盈暗香去。众里寻他千百度，蓦然回首，那人却在，灯火阑珊处。

可今天林徽因的这封信也算是表明自己的心意了，徐志摩握紧拳头，神色坚定，该是做些什么的时候了。他振奋精神，进了沙世顿乡下的家里，满腹的想法却在看到妻子忙碌的背影时，硬生生地噎住了。见他欲言又止，张幼仪也猜出个大概，从他们搬到这边，周末的早上他总会悄悄打扮后早早出门；家里总收到一些满是英文的信件，徐志摩总捧着这些信反复阅读，爱不释手。这应该就是婆婆总要她提防的丈夫的女朋友。

一想到这，幼仪性子再温柔，心里也会有所不甘，委屈的情绪冒出来，一股闷气直冲上脑门。

"我怀孕了。"撂下这一句话，幼仪手脚利索地收齐碗筷，走进厨房。

"怎么会……怎么会是在这个时候……"徐志摩喃喃自语，对于刚刚张幼仪说的话不敢相信。

张幼仪还是真心爱着丈夫的，见他这样，竟心疼了起来，语气软了下来："你想让明小姐进徐家也不是不可以。"爱丁堡大学的明小姐，正是昨晚徐志摩请来家里吃饭的中国女留学生。这让幼仪以为是他喜欢的恋人。

"什么，明小姐？"徐志摩听得云里雾里，心里莫名其妙的，绕着客厅走来走去。

她打开水龙头像没事人一样擦起盘子，说道："呃，她看起来很好，可是鞋里藏着的小脚，不适合西装。"

没错，幼仪她总是这样，用典型中国女人的死板衡量一切，以为来了英国她的心智会自由，但她不出门不学英语，一整天地只会忙活家务，只会捧着一本《红楼梦》。她倒乐于成为又一个王熙凤！但最可恨的是，她不懂爱情，不会爱他，因为她居然提出纳小太太这样离经叛道的想法来！真正的爱情里是容不得一粒沙子的，更谈不上共享！徐志摩彻底地寒了心，七年的婚姻，束缚着无知的妻子，却是像鞭子抽打赤膊一样虐待着他的灵魂。今天，就是今天，要挣脱！要解放！

徐志摩脚跟一转，斩钉截铁地说："我们离婚吧，这真的是我的心里话。不是气话。"

哐当——盘子掉落，碎了满地。张幼仪愣了一下，待她反应过来丈夫的话究竟意味着什么的时候，她的眼泪扑簌簌无声地流下，她不转身，不想让他看见，只是轻声问："那孩子怎么办？"

徐志摩受不了这种痛苦的气氛，心里被幼仪嘤嘤的啜泣声搅得乱七八糟，随口扔下一句："打掉吧。"便抄起椅背上的大衣，走了出去。他没看见身后的张幼仪开始号啕大哭。

第二天，张幼仪发现身边的枕头还是冰冷的，徐志摩没回来。第三天，第四天，直到一个月后，张幼仪终于承认他们的包办婚姻走到了尽头，何必如此痴念呢？她无奈地收拾起包裹，离开了这个为期短暂的家，投靠在巴黎的二哥。

有人说，爱上一座城，是因为城中住着某个喜欢的人。其实不然，爱上一座城，也许是为城里的一道美丽的风景，为一段青梅竹马的往事，为一座熟悉老宅。或许，仅仅为的只是这座城。就像爱上一个人，有时候不需要任何理由，没有前因，无关风月，只是爱了。

幼仪刚离开不久，不辞而别的徐志摩抱着满腹愁思，回到了伦敦这座让他爱恨交织的城市。听闻幼仪在巴黎静心待产，并无意外，徐志摩终于放下心继续"特别生"的学业。他下了决定，等幼仪生下孩子就与她离婚，然后就可以光明正大地追求徽徽了。这自由的蓝图如此美好，如此接近，他的诗的灵魂被剑桥的康河哺养着，他的理想式爱情激发了前所未有的创作热情。这确是真正的恋爱的萌芽，他的第一首诗歌取名为《草上的露珠儿》恰如其分：

你的洪炉是"imagination"，
永生的火焰是"inspiration"，
炼制着诗化美化灿烂的鸿钧；

你是高高在上的云雀天鹨，
纵横四海不问今古春秋，

散布着希世的音乐锦绣；
你是精神困穷的慈善翁，
你展览真善美的万丈虹，
你居住在真生命的最高峰。

一九二二年，英国，伦敦，吴经熊家。在四位好朋友的见证下，徐志摩与张幼仪签字离婚了。

徐志摩左手紧紧攥着离婚证书走得飞快。从吴家到林家的这段路，仿佛变长变远了。林徽因几个月前就交代了他，不把身边的事情处理好是没有资格爱她的。他都记得，所以他打心底里着急：如果徽徽被思念折腾得十分痛苦，停止了等待呢？抑或是徽徽身边围绕着蜜蜂般的追求者用甜言蜜语迷惑她，使她动摇想要放弃他了吗？愈想愈心慌，徐志摩忍不住小跑了起来，遥遥地，望见林家的信箱，徐志摩的心跳就开始加速，他不禁笑起自己毛头小子的冲动模样，可不能让徽徽笑话他这冒冒失失的样子。

他缓下步，调整呼吸，沉着地迈开步伐。欣喜的眼睛看到待售的牌子后，徐志摩的脸色刷的一下变白，他无法相信林徽因不告而别了。手颤抖着，叩了叩，心"咚咚"地跳。

"吱——"就在徐志摩快要心灰意冷之时，门开了，不是她。是一位老妪，缠问了许久，这才清楚林家父女早些日子就回国了，这房子已经空置了很久不得已只能卖出。

打起精神告别老人后，徐志摩才转身，却怎么都挪不开一步，那曾经笑意盈盈开门的她，端来的用可可豆自磨的咖啡，香气袅袅，渲染着桌上散落的诗集，飘出这老房子，随着他们走过的路子掠过郊区的白桦林，窜入他俩一起听颂诗的威斯敏斯特教堂，这味道仿佛藏在伦敦的每一个角落——一切都还在，唯独缺了徽徽。

那么突然，那么措手不及，他不信！回头，扶好眼镜，睁大眼睛想要找出一些蹊跷，也许只是徽徽跟他开的玩笑。到头来，只剩酸疼的双眼，抽痛的内心，蹒跚的步履，左手松掉了攥着的离婚证书，他无心捡起来。

接下来的日子里，徐志摩常常坐在剑桥康河堤岸的柳树下，等着林徽因的书信，负疚于幼仪和小儿子彼得。现在的他没有阖家团圆的家庭，没有浓得化不开的爱情，只能麻木地紧紧拥抱着苦涩。

直到那一天，徐志摩收到了一封信。是林徽因从中国寄来的。他迫不及待地拆开来看，那信是极短的——

志摩：

我走了。带着应该被带走的记忆。我不能等您回来后再作这个决定，那样，也许这个决定永远也无法做出了。我们还会重逢吗？还会继续那个梦吗？我说不清楚，也许，明天就会知道了。

徐志摩心里闷闷的，看着水中清晰的倒影，断肠，欲哭，无泪。

康河还是荡漾着柔波。天空的一片云，偶尔投影在波心，让过去的都算过去的。

第二卷
愿我如星君如月

第三章　死んだ女の子

惜　春

更能消几番风雨，匆匆春又归去。惜春长怕花开早，何况落红无数。春且住，见说道天涯芳草迷归路。怨春不语，算只有殷勤画檐蛛网，尽日惹飞絮。

长门事，准拟佳期又误。蛾眉曾有人妒。千金纵买相如赋，脉脉此情谁诉。君莫舞，君不见玉环飞燕皆尘土。闲愁最苦，休去倚危阑，斜阳正在烟柳断肠处。

徐志摩坐在书案旁，誊下这首《摸鱼儿》。这时的天色已经有些晚了，日头已经显出了浓重的红色。徐志摩缓缓开了窗，一道暖黄色的阳光便朝他照耀过来，以至于他下意识地眯了一下眼。五月的天气已经渐渐从温暖转为温热，这个春季就要这样过去了。

"匆匆春又归去。"徐志摩呢喃道，书房里并没有其他人，他不过是说给自己听。

一个"匆匆"、一个"又"，最是让人伤怀。徐志摩拿起誊了词的那一页宣纸，脑海里浮现出陆小曼云鬓斜簪的样子。其实这寥寥几月，徐志摩一直在想却也一直回避去想的，也便是这三个字——陆小曼了。对于陆小曼，若说是一见钟情他总觉得有些不可思议。他对陆小曼，绝对还没有那种称得上是爱的感情。可是这几天，徐志摩的思绪里全都是她。

　　偶尔，徐志摩也会想起林徽因。他曾经以为，他是深深爱着林徽因的。并且他也相信，真正的爱情当是唯一的。可如今，这朵鲜红色竟然就这样轻易地闯进他的世界里。徐志摩有些恍惚。若说他爱林徽因，那么此时是定当不爱陆小曼的。可是他脑海里却甩不开陆小曼的眼神。同时爱两个人，徐志摩是断断不能相信的。所以，徐志摩不断告诉自己，那种萦绕不散的错觉只不过是自己对一个美人的错觉罢了。

　　大约有一周的时间，他都一个人在书房里看书，从《史记》到《全宋词》再到《聊斋志异》什么类型的书都重新翻了一遍。

　　直到好友胡适到他家来说道："志摩，这几天怎的都不见你出来活动？"

　　胡适在徐志摩书房外呼喊他的时候，徐志摩又在誊那首《摸鱼儿》，笔尖正落在那个"何况落红无数"的"数"字上。听见了胡适的呼喊，徐志摩不由得站起身来说道："这几天感染了风寒，便没有出去走动。"

　　"这老诗人今晚要离开清华转居克利饭店，你可知道？"胡适语气里带着一点点责怪。

　　"哦？"徐志摩才发现自己这几日躲在屋子里，都没有好好招待老诗人泰戈尔，"我竟真是不知此事，但心里似乎有些印象，就是今日了？"

　　"志摩，你这几日是诗人性情神游天外了？前几日你还亲口对老诗人说要陪他前去的！"胡适带笑道。

　　"你可莫要取笑我，我确实是伤寒有些严重，可能有些恍惚了。"徐志摩微微一低头。

　　"我看你这也快痊愈了，那晚上便可同在下一起去陪老诗人乔迁啰？"胡适拍了拍徐志摩的肩膀，似是要鼓励他振作似的。

　　"哈哈，那是自然。不如就在这用了下午茶吧，时候也不早了。"

徐志摩恢复了以往的神采。

"正有此意!"胡适应道。

徐志摩便同胡适用了一顿晚餐,然后换了衣服,去清华的后工字厅接了泰戈尔。

泰尔戈也讶异徐志摩这几天怎么也不出来看他了。徐志摩赔了不是,解释道是因为风寒。徐志摩没想到,自己在书房里锁了这几日,书房外的人便开始讶异他不出来活动,可是在他自己看来这几日也如同发呆的一个刹那。然而此时,倒有一种"山中方一日,世上已千年"的感觉了。

徐志摩着了一件深灰色西装,配深灰色长裤。他是随意从衣柜里选的,彼时胡适在外候着他,他也没时间仔细挑选。他本来是想穿黑色西装的,可是胡适已经穿了黑色,他便选了深灰色。老诗人倒是大胆地穿了一身白色,配上他有些发白的胡须,显得很是可爱。可以看出来,老诗人的兴致是极其浓厚的。几日前因演讲所导致的不快似乎不见踪影了。这令徐志摩很是欣慰,否则,他怕是要自责于自己这几日的失陪了。

于是,三人便乘汽车到了史家胡同的克利饭店。见这饭店的装修服务都是极好的,胡适和徐志摩都不自觉地微微点头。

两人陪泰戈尔把身上的行李放在了房间里,胡适便道:"老诗人现在可饿了?"

"确是有一些,该用晚饭了吧?"泰戈尔道。

"不如我们就在这餐厅里简单用一点晚膳,随后你休整一下便同我们去宴会。"徐志摩道。燕京大学的鲍教授曾向徐志摩提起过,想引见自己的几个女学生认识泰戈尔,徐志摩便安排了泰戈尔于乔迁这日赴宴。

"好,好。"老诗人满口答应。

宴会的地点就在与史家胡同相连的干面胡同,正是在凌家附近的一家中等规模的酒店里。

走进大厅,徐志摩发觉这宴会的规模并不算大,少了几分郑重,多了几分随意。整体都采用了香槟色，点缀以咖啡色，充满了随性。这正是他喜欢的氛围。

老诗人的出场引起了许多人的注意。毕竟，这小宴会里有一部分人都是为着瞻仰泰戈尔的风采而来。徐志摩便交代胡适陪同泰戈尔与大家打招呼，他总莫名其妙地觉得有些累。便寻了一角落沙发坐着。

"志摩？"说话的女子拿了一杯香槟放在徐志摩面前的茶几上。

徐志摩定睛一看，这女子却是凌家的千金凌叔华。这日舞会，大部分女子都着了大摆伞裙以便跳舞和迎合宴会的欧式风格，独独凌叔华穿了一身青花瓷图案的旗袍，长度刚刚及膝，端庄又带点俏皮。这一身装扮让徐志摩眼前一亮。

"叔华小姐的旗袍很是好看。"徐志摩由衷赞叹道。

"谢谢。你怎的一个人坐在这里？"凌叔华说话间坐在徐志摩身旁的沙发上。

"坐在角落里，更能欣赏这宴会的盛景啊。不信叔华小姐且坐在这里看一看。"徐志摩虽结识凌叔华不久，却对她这样才貌双全的女子很有好感。

凌叔华顺着徐志摩的目光看过去，不出所言，的确宴会的情景尽收眼底。宴会桌旁觥筹交错的人们，对面沙发上坐着交谈的人们，舞池里翩翩起舞的人们……徐志摩亦静静欣赏着这一切。忽然，舞池里似乎闪过一只纯白色的"蝴蝶"，显得那样耀眼。那精致的面庞，带着灵气的眼，裙摆下露出的纤细小腿，还有娇俏的脚下踩着的缀着羽毛的淡绿色高跟鞋———一切的一切，都透出一种超凡脱俗的美。陆小曼，徐志摩的脑海里跳出这三个大字。竟然又在这里相见。徐志摩不由得有些看呆了，然而他很快意识到，当着凌叔华的面如此凝视另一个女子着实有些不礼貌。

"叔华小姐，"徐志摩转过头看着凌叔华，发觉凌叔华也在看着陆小曼，抿了抿唇道："我瞧老诗人这会儿闲下来了，不如我带你过去认识一下,听鲍教授说你很是喜欢他的诗。"

凌叔华闻声回过头来看着徐志摩,浅浅笑了一下道:"怪不得志摩要坐到这视野极好的角落里,原是要看美景的同时还在看着老诗人哩。"

"美景"二字,显然指的是舞池里那只翩翩起舞的"蝴蝶"。徐志摩听得出凌叔华在打趣他,却也不解释不接话,只是看着凌叔华,拿起桌上的香槟饮了一口。

"好了,志摩快些带我去与老诗人说上几句话。"凌叔华说话间已站起身来。

徐志摩便带着凌叔华走向泰戈尔。泰戈尔这时正在靠近舞池的餐桌旁,一边与胡适谈着些什么,一边看着舞池里跳着舞的人们。从沙发走向泰戈尔处的时候难免要走过舞池旁。

然而正当徐志摩自那舞池边走过的时候,陆小曼也正巧旋转到他身边,旋即又掠过。她身上似有若无的玉兰香气掀动了徐志摩的鼻翼,让他由衷地觉得愉快,他抬头用目光追送陆小曼的身影。他抬起头的瞬间,陆小曼也正在望着他。那神情同那天在礼堂门前一模一样,稍稍歪着头,似乎认识徐志摩却又想不起来他是谁的样子。然而这对视连一秒都未能持续,陆小曼便旋转到舞池另一旁去了。徐志摩又是一阵恍惚。

恍惚过后,便迎上了泰戈尔带着笑意的目光。

"这是凌叔华小姐。"徐志摩顿了一下,用英语介绍道。本来想介绍一下凌叔华的家世和就读学校,可是仔细想想在远道而来的老诗人面前显得那样多余,便又略掉。

"泰戈尔诗人,你的《新月集》我很是喜欢,读了许多遍。"凌叔华用娴熟的英语向老诗人致敬。

"哈哈,作品能得到小姐的喜欢我感到很高兴。不知可否愿意一起跳一支舞呢?"原来老诗人看着舞池里欢愉的人们早就跃跃欲试了。

"那便是我的荣幸了。"言语间凌叔华将手优雅地送到泰戈尔于半空中等待着的手里。

转瞬之间，凌叔华便与泰戈尔转到舞池中心去了。

"老诗人倒是好兴致。"徐志摩带着艳羡的目光头也不回地对胡适说。他的目光在舞池里搜寻着，可是却没有看到陆小曼的身影。莫非她早早离开了？徐志摩有些后悔，刚刚他应该一直追随着她。追随，哪怕仅仅是目光。

"在下也有好兴致，却可惜了没有好舞伴。"胡适面带笑容地看着泰戈尔与凌叔华舞动的背影说道。

"你若是要好舞伴，却也是有的。"那道白色的倩影竟一晃到了胡适的身边，身边还站着另一个着白色裙装的女子。

徐志摩一惊，然而转过头看她却是极为缓慢的动作，他并没有开口。先开口同陆小曼打招呼的是胡适："小曼今天这一身白天鹅一样的装扮，真是艳惊四座。"

"胡先生过奖了。"陆小曼听了称赞，心里十分欢喜，却也微微低头。

"陆小姐。"站在一旁的徐志摩也同她打招呼。

"徐先生，叫我小曼便好。"陆小曼带着欢快的语气道，她向来不喜欢朋友间太过客套的称呼。相比之下，她更喜欢亲切自然的交往方式。

"嗯，小曼。"徐志摩直视着陆小曼的眼睛，缓缓唤出这两个字。

"小曼刚刚说好舞伴是有的，可是要与在下共舞啊？"胡适在一旁道。

"是要与先生共舞，只是不是我，是惜君。"陆小曼道，目光转向身旁的女子。

"胡先生好。"名为惜君的女子十分清秀，蛾眉淡扫引人怜惜。

"惜君小姐好。"言罢，胡适便牵着惜君翩然坠入舞池中去了。

餐桌旁便只余下徐志摩和陆小曼二人。徐志摩心下是想邀请陆小曼共舞的，可是陆小曼刚刚婉言拒绝了胡适的邀请，想必是舞得倦了。喧闹的宴会里，陆小曼与徐志摩在长长的餐桌旁相对无言，气氛很是微妙。虽然生性浪漫的徐志摩与女子的相处向来收放自如，可是此刻的他竟然有些无措。他不知道该说些什么。

有的人说，若是寡言的人对你善谈，善谈的人对你木讷，那么他怕是喜欢上你了。

"徐先生的诗，我也是读过一些的。"最先开口的人还是陆小曼。

"小曼，你要我叫你小曼却要叫我徐先生。不如你也叫我志摩吧。"徐志摩听着那生疏的称呼很是别扭。

即使，此刻的他与陆小曼也不过是第二次见面。

即使，她称呼关系已经很熟悉了的胡适也是"胡先生"。

即使是这样，陆小曼也只是犹豫了片刻，便轻轻唤道："志摩。"

徐志摩听了这两个字的呼唤，又是一阵恍惚。然而此时，他却忽然想起了另外两个字，王赓。也正因如此，他意识到，自己让陆小曼这样称呼自己，怕是有些失礼了。

其实，又有什么失礼可言，不过是一个只唤名字舍去姓氏的称呼而已。

又寒暄了几句，徐志摩便称自己风寒未愈有些疲惫，然后与胡适、泰戈尔打了招呼，独自回家去了。

史家胡同离徐志摩家并不远，步行只消二十几分钟的路程。徐志摩便没有召唤黄包车，而是选择自己一个人走回去。

这时已入夜了，路上的行人也渐渐少了起来。史家胡同并不宽，可也算不上逼仄。徐志摩悠然行走着，这样的夜晚总是有微风，吹拂在面上让人觉得分外舒服。徐志摩看着自己在几盏路灯下映出的许多个影子，深深浅浅，长长短短。此时，他有点弄不懂自己的心思。若说忧伤，想必他心里是有的。可是行走在这小路上，却着实惬意。

所幸，陆小曼对于他，仍是一道浅浅的影子。想要亲近却不可也不会有怎样深刻的伤痛。她之于自己毕竟与徽因于自己，是完全不同的。

一条二十几分钟的路,徐志摩想了许许多多的事情——从自己在欧洲见到林徽因,到自己与张幼仪离婚,再到那日在礼堂前初次见陆小曼。然而,当他到了家门口走到了自己的房间,洗漱好了安躺在床上的时候,他却怎么也记不起他究竟在回来的路上想了些什么,经历了怎样的纠结。

他就只能记起,那条路上,路灯是鹅黄色,月光是雪白色。

品　剧

这日，陆小曼醒得比往日早了许多，王赓还没有出门。她朦朦胧胧睁开眼睛时，王赓正背对着床照着镜子整理衣领，并没有看见妻子醒了。而陆小曼也没有对丈夫问一句早安，懵懵然闭上眼睛想要再睡一会儿。王赓整好了衣领，小心翼翼地打开了房门，侧着身走出去后又带上了房门。

王赓的动作是极轻的，然而陆小曼却怎么也睡不着了。那种明明带着疲惫，却怎么也睡不着的感觉令她很不舒服。她索性也起身，挽了挽头发便推开门走下楼去。

"小曼，你怎么起得这样早？"王赓正在餐厅用早餐。

"睡不着了。"陆小曼淡淡地答，忽然又觉得着实有些饿了。

"陈姨，再给夫人添一副碗筷。"王赓吩咐完佣人又转头对小曼说，"今日这皮蛋瘦肉粥还热着，快趁热吃些吧。"

"嗯，我也正好觉得有些饿了。"陆小曼坐在王赓身侧。

"小曼，不如你日后都早些起来吧。你看这一片晨光，看不到多么可惜。人的精力，也都是早晨最好。"王赓已用完了早饭。

"我只是觉得倦罢了，尽量吧。"陆小曼听了王赓这话其实有些不开心，就算起得早了，也不过是在这宅子里蹉跎时光罢了。

"你总是睡得那样晚，自然疲倦。"王赓说罢还叹了一口气。

"已经八点半了，再不出门可要迟到了。"陆小曼看了看表，岔开了话题。

"难得与你一同进一次早饭，就陪着你吃完啰。也不急的。"王赓道。

"不用了，何必迟到呢。我自己吃也是一样。"陆小曼带着点小别扭说道。

王赓见陆小曼催他走，便知又惹了妻子不开心，只得道："好吧，那我先走了，你多吃些。"

"嗯。"陆小曼淡淡答应道。

在王赓转过身之后，陆小曼还是抬起头，目送丈夫走出家门。

陆小曼徐徐用完早餐，便又转身回卧房。她为自己把睡袍换下，着上一件白色的棉质衬衫，又配了一条酒红色的半裙。换完衣服，她坐在床边半响。随后便又坐在梳妆台旁的长凳上为自己梳头发。头发又长了，已经过肩许多。发梢处烫了些小卷。她左手轻轻托起发尾，右手执一把桃木梳，小心翼翼地梳着头发。

倏地，她轻轻捧起了一小缕头发，仔细地端详着。陆小曼继而皱了皱眉头，她果然瞥见了一根头发上令人讨厌的分杈。于是她打开右手边第二个小小的抽屉，从里面取出了一把钢制剪刀。然而，她左手从那一缕头发中挑出那根分了叉的头发提到眼前。待看好挑出的头发确实只有一根之后，她举起右手准备剪掉那根头发。然而就在右手举到鼻翼的高度时，她忽然发现右手举着的剪刀有一点抖，手竟然不由自主地抖起来，这在以前是从来没有的。陆小曼瞪大了眼睛，怀疑自己看错了。她执拗地将右手在半空中悬了一会儿，那手果然是在抖的。

终于，她沮丧地放下右手。下意识地用左手紧紧握住右手的手腕。

她瞥了一眼墙上的挂钟，已经快要十点了。她轻轻叹了一口气，把剪刀放回右手边第二个抽屉。

她走下楼去，推开楼下的一间卧房门。

门内的女子闻声回过头来，道："小姐，有什么吩咐。"

"惜君，去城里帮我请一个剃头婆来，我要剪剪发梢。"陆小曼道。这时的她披散着头发，很是凌乱，却也透着一种别样的迷人。

"何必要去寻一个剃头婆来，我便是剃头婆啊。"惜君略带得意地说。

"你竟学会剪头发了？"陆小曼很是惊奇。

"粗浅的技术还是有的，剪剪发梢应该是没有问题的。"惜君带着笑。

"嗯，我们到隔壁来剪。"陆小曼道。

于是，惜君从壁橱里拿出几只夹子以及一个灰色的布单。然后将布单为陆小曼围上，随后又用混了精油的水将陆小曼的头发蘸湿。然后用梳子将陆小曼的头发分印，然后把多余的部分用夹子夹上。剪完一部分便夹上，再放另一个部分下来。最后又用吹风机为陆小曼吹去碎头发。动作细腻又有条理，一点不比那些剃头婆差。不消一刻钟，她便为陆小曼剪好了头发。

陆小曼看了看镜子里的自己，发梢底部的小卷几乎看不出了，此刻的她留着一头微微弯曲的直发。她由衷地觉得愉快了许多，尽管头发并没有短多少。

"小姐，剪得怎么样？"惜君带着活泼的笑说。

"你这业余的也不比那些剃头婆剪得差。"陆小曼夸奖道。

惜君听了夸奖，得意地侧了一下头。惜君是自陆小曼十岁便跟在陆小曼身边的丫头。她父母早亡，她的姨母将她养到十二岁时家里又添了新丁，实在是养不起她了。便将她送到了陆家来。吴曼华见她样子清秀人又机灵得很，便派她去侍候陆小曼了。惜君虽是侍女之身，性子却活泼得很，一点见不到那寻常侍女的卑微气质。陆小曼在家里和先生读书的时候，惜君便也坐在一旁同陆小曼一起学。好学的她还常常与陆小曼一起做课后作业。陆小曼是家中唯一的孩子，本就有些孤独，惜君之于旁人的独特她是看在眼里的。惜君的乐观也常常感染着陆小曼。陆小曼对她多了一分敬重，一直拿她当作姐妹来看。

却说陆小曼剪了发梢便去浴室洗发了。她刚进浴室不久，胡适便带着徐志摩登门了。

"小姐正在沐浴，二位先随我在客厅里等一下吧。"惜君让他们坐在沙发上等，自己转身进厨房为他们沏了一壶绿茶。

"茶稍后便好。"惜君又转身进了客厅。

"有劳惜君小姐了，不知是什么好茶呀？"胡适来过王家多次了，与惜君亦算得上熟稔。

"是绿茶。昨日小姐的朋友从江浙那边为她带来的呢。"惜君道，"那茶不能泡得太久便要滤去茶叶，否则味道就苦了。惜君先去厨房守着了。"

"嗯，有劳。"说话的是胡适，徐志摩也在一边向惜君微微点头。

"李姨，你去楼上看看小姐沐浴完了没。若是沐浴好了，告诉她一声说胡先生和徐先生来了。"惜君进厨房前向在客厅里的李姨嘱咐道。

李姨应好，便转身上了楼。

片刻之后惜君便端出茶杯放在茶几上，随后又端出一壶冒着热气的茶水。那茶的香气是逼人的，不似其他茶叶那样带着清冷的香——那绿茶的香，亦是带着一种无法言说的温热。

惜君动作娴熟地将两只茶杯分别放在胡适和徐志摩面前，一一为他们斟满。又嘱咐道："茶有些热，小心烫嘴。"

"多谢提醒。"这一次，道谢的是徐志摩。

惜君朝着胡适和徐志摩微一鞠躬，也徐徐转身去了楼上。

客厅里便只剩下胡适和徐志摩两个人，徐志摩终于开口问道："怎么没有见到王赓？"

"王赓去上班了啊。我来了这么多次,也就只有晚上或者周末能碰上王赓。他工作很忙的。"胡适说。

"那小曼岂不总是独自在家?"徐志摩道。

"虽是独自在家,可是每次我来找她,她也总是在忙着些什么的。看画报,自己作画,或者是静静地看书。想必是因为兴趣多吧,小曼总是不无聊的。嗯,不过有时候她也会和姐妹们出去玩。"胡适道,言语里流露出对陆小曼的欣赏。

"不无聊便好。"徐志摩由衷地道。

"却说王赓与你都师从梁启超,怎么感觉你对他这样不熟悉?"胡适提出自己的疑问。

"我与他虽然都是老师的学生,可是他此前一直在国外,而我也是有一段时间一直在欧洲,所以其实时至今日我都没有见过他一面。不过,关于他的事情也算听说了不少。"徐志摩解释道。

"我也问过他,识不识得志摩,他也说虽是同在梁启超门下却未曾见过面。然而他对于志摩的事迹却也是知道一些的。"陆小曼已然梳洗好了,自楼梯上走下听到了徐与胡的对话,接口道。

徐志摩听到她的声音,回过头去看她。只见她头发松松绾成一束,露出细长而白皙的脖颈。上身穿着乳白色的棉质衬衫,衬衫的下摆被收进酒红色的伞裙里。纤细的小腿下是淡灰色的简约拖鞋。本来是清冷面庞,却给人一种家的亲切感。

"王赓这样的青年才俊竟也听得在下这样酸腐的诗人,实乃荣幸。"徐志摩道。

"志摩又何尝不是青年才俊。不如待周末他在家的时候,你们同门师兄弟会一会面。"陆小曼言语间已经坐到了与他们相邻的沙发上。

"小曼,我们今日是来找你去看戏的。"胡适开口。

"哦?看哪出戏?"

"戏倒是小曼小姐看过的,不过演戏的人却是不一样的。正是志摩与林徽因小姐演过的那出《齐德拉》。真光剧院找了一班专业的演员来演，下午正好有一出预演，他们邀请志摩去看一看。志摩拉上了我，我心知你也爱看戏，便想着再来拉上你。"

"想必是志摩与林小姐将这戏演火了，连城内的剧院都要开始排演了。那日我站在门外发放说明书，便感受到了大家的期待。"陆小曼说话的神情很是诚恳，丝毫没有奉承的意味。

"小曼过奖了。"徐志摩听了陆小曼的夸赞很是欣喜。

三人便出门乘车到了真光剧院。剧院内部的场景绘制竟与梁思成绘制设计的完全一样。就连台词分场甚至服装都与徐志摩演的那场一模一样。这次只是排演，所以观众就只有胡适、徐志摩和陆小曼三人。然而可以看出演员们却仍然认真得很。诗剧演出大概持续了两个小时。

诗剧结束后，演员谢幕了仍然站在舞台上，导演便出现在台下，对着胡适道："胡先生觉得这戏如何。"

"在我看来这布景服装是极好的，分场可以设置得再别致一些。不过，我终归是有些业余的。"胡适抿了抿嘴，转头望了徐志摩一眼，"我给张先生请了亲自扮演过《齐德拉》男主角的徐志摩来。"

"久仰久仰，徐先生刊登在报上的诗我也是读过许多的，很是喜欢。"姓张的导演向着徐志摩微微颔首。

"能得导演的喜欢真令在下高兴。若说这戏，优点自然多多，我便只说我觉得我可以改进的地方吧。不过在下也不过是个业余演员，也许所说并不正确。"徐志摩道。

"请说。"

"我只觉得，演员感情的流露可以再多一些。"徐志摩缓缓道。

站在旁边的陆小曼一惊，这也正是她所想的。

"哦？感情的流露。徐先生可否详细说说？"单说感情的流露要多些的确有些抽象，张导演怕误解了徐志摩的意思。

徐志摩思索了一下，开口说："我只是觉得，一部好的剧，尤其是诗剧，应当是有演员的感情充盈全场的。然而刚才，我却并没有感受到这一点。"

张导演的表情更加迷惑了。心想这徐志摩果然是个诗人，品评诗剧也要说得如此抽象而飘忽。然而再追问下去又显得有些不礼貌了。

"嗯……这剧里角色的感情有一点像是挤出来的，而不是流露出来的。演员们可能时时刻刻在想着自己扮演着哪个角色，该说哪句台词。而不是深信自己就是那个角色，正想说那样的话。所以可能让感情流露得少了一些。"站在一旁一直没有说话的陆小曼打破了沉默，随后转过头去看着徐志摩的眼睛问："不知志摩是不是这个意思？"

陆小曼说前半句的时候，是从容自信的，然而说到后面问徐志摩是不是此意的时候，却似乎带了一点少女的羞赧和不确定。这微妙的变化，敏感的徐志摩自然是感受到了。陆小曼说的正是他的想法，只是他刚才不知道如何通俗易懂地表现出来罢了。

"正是小曼说的这个意思。"徐志摩重重地点了头。

三个人走出真光剧院的时候，已经是下午四时了。初夏的下午四时，不见了正午那炙热的阳光，却也还没有傍晚时候的慵懒。陆小曼不由微微眯起眼来，她感受到从未有过的舒服。

"不知不觉肚子有些饿了。"胡适说话间抚了抚藏在长衫下的肚子。

"那我们去吃点晚饭？"徐志摩顺势提议。

"好！正合我意。"胡适道，"小曼爱吃些什么？"

"我便不与二位先生同去了。"陆小曼淡然道。

"要回去与王赓共进晚餐？"胡适道。

"正是。"陆小曼微一低头。

"那我和志摩便先送小曼回去再去吃晚饭吧。"胡适说着已经走到了他们停着的汽车旁。

他又先为陆小曼打开了后座车门。而徐志摩则坐在副驾驶的位置上。

下午路上的车和行人格外少,只用了十几分钟便将陆小曼送到了家。这时王赓还没有回来,陆小曼出于礼节问他们是否进来再喝杯茶。胡适只说是自己太饿了,要赶着去吃饭了,便与徐志摩乘车离去了。

王 赓

徐志摩确实见到了与自己同拜于梁启超门下的王赓,不是因为陆小曼那随口说出的邀请而是由蒋百里以一种很正式的方式引见的。

蒋百里与梁启超的关系是极好的,1919年五四运动爆发的时候曾与梁启超一起赴欧洲考察,次年春天与梁启超一同回国。受到欧洲文艺复兴的影响,梁启超决定放弃政治生涯,从事新文化运动,而蒋百里则成了他的得力助手。他对军事也有极大的兴趣,一度任总统一等参议、总统府顾问,与王赓可算是早已认识。他又与胡适组建了新月社,与徐志摩也算是熟识。以他的身份来引见二人认识,可说是最合适不过的了。

至于见面的地点,蒋百里也是仔细斟酌过一番的。本来他是想约在徐志摩家,可若是这样,那么徐志摩便是主而王赓是客,两人于梁启超门下并无长幼之分,这样做实在不妥。同样,安排在王赓家也是一样。于是,他把见面地点选在了祈祥楼,一家很传统的中餐馆。

时间约在晚上七点。最先到祈祥楼的自然是蒋百里,其时刚过六点半。他先挑了包厢靠左的位置坐下。没过几分钟,王赓便来了。王赓着了一身深灰色的中山装,留着利落的寸头,神情严肃却又似乎有那么一点隐隐的笑意。他的鼻梁很高,总让人觉得带着一种遗世独立的孤傲。

而王赓的目光，则有一些鹰的神韵，自那深邃眼眶中的眼眸里射出来，似乎昭示着与生俱来的权威。

"王将军这样忙，竟然还提前了这样多，当真是难得啊。"蒋百里起身为王赓拉开北面的椅子。

王赓向蒋百里点头致谢，接口道："还是蒋先生比较早。"

"今日我做东，早点来也是应该的。"蒋百里带着笑。

寡言的王赓没有接话。过了半晌，蒋百里也许觉得有些尴尬，便开口道："这祈祥楼的湘菜据说是极好的，我便自作主张多点了几道，也不知道合不合你们的胃口。"

"有劳蒋先生细心安排了，王某吃东西并不挑的。只看志摩他们是否喜欢了。"王赓道。

言语间，包厢的门帘被一只玉手轻轻掀开，来人是凌叔华。

"凌小姐，晚上好。"蒋百里起身道。他身边的王赓也随之起身，向凌叔华点头。

"蒋先生，晚上好。"凌叔华带着得体的笑容回应道。

"这是凌家的千金凌叔华。"蒋百里又将目光转向王赓道，"这是王将军王赓。"

王赓与凌叔华相对微笑点头，算是认识了。

而徐志摩，是差十分钟七点来的。他依然带着圆形镜片的眼镜，并没有装西装，而是穿了一件黑色的长衫，提了一只深棕色的皮包。他面上的表情有些匆忙，进了包厢兀自道："果然徐某是最晚的一个了。"

"还没有到七点。"凌叔华看了看表，温和应道。

"早知请了叔华小姐来，我便是一定要努力第一个到了。如今却到得这样晚。"徐志摩冲着凌叔华笑，旋即把目光停在穿着一身灰色中山装的王赓身上。王赓果然透着一股不同于凡人的气质。沉默几秒后徐志摩开了口："这便是王兄吧！"

"不敢居兄辈，志摩叫我受庆便好。"王赓看着徐志摩一身随性飘逸的气质，不禁生出些许艳羡。

身不能至，心向往之。

酒席间，王赓说的话极少，大部分时间在回答"是"或者微微点头。而说话较多的，怕是凌叔华和徐志摩了。两个人一讨论起办画会的事情，总是有许多想法要交流。而这些，王赓是说不上话的。徐志摩和蒋百里也尝试着把话题转到生活上，于是便问了些王赓居家工作的事情，然而王赓的回答总是简短敷衍，让人觉得很难把话题继续下去。

初次见面，王赓和徐志摩便发现彼此是两个世界的人。然而，他们却是相互佩服的，徐志摩佩服王赓的严肃认真，王赓佩服徐志摩的浪漫随性。

晚餐不到九点便散了，蒋百里与王赓一道，而徐志摩则负责送凌叔华回去。

认识了王赓的第二日，胡适便来徐志摩家寻他。这一日，正是周六。

每次来徐家，胡适永远是在书房找到徐志摩，彼时徐志摩正捧着一本泰戈尔的诗读。然而这次徐志摩读得并不是那么入神，胡适刚踏上台阶时他便看见了。

于是徐志摩站起身迎到门前道："胡兄怎么不在家好好享受周末，却到我这里来？"

"你倒是贵人多忘事。"胡适言语间已经走进了徐志摩的书房，顺势坐在了外间的椅子上。

"快别取笑我了。难道今日有什么约定好了的事情？"徐志摩一头雾水。

"你倒忘得快，那日我带你去王家，小曼不是说周末要邀请你我二人去她家做客，也让你见见与你同门的王赓。"胡适道。

徐志摩心里倒是记得此事的，只不过当时只当小曼是客套着说了这么一句。因为她并没有与徐志摩定好明确的地点和时间。更何况，蒋百里已经引见了他与王赓相识,即使这约定成立,也应当是取消了的。徐志摩没有料到,胡适与陆小曼已经定下了日子,而且就是今天,他喃喃道:"这桩事情,我倒是记得的。不过,我与王赓已经经蒋百里介绍认识了的。"

"见过了便见过了,再见一面又如何?"胡适道,"难不成你是今日有事情?"

"适之,我并没有推辞的意思。你也看到了,我正在这书房里闲得很。你且待我去换身衣服,我与你一同前往,如何?"徐志摩此时的穿着很是随意。

"好。"

徐志摩吩咐用人给胡适沏了茶,便离开书房返回了自己的卧房。对于要穿长衫还是西装,徐志摩很是犹豫了一会儿。穿长衫怕显得不活泼,穿西装又唯恐显得太西洋化。对于着装的选择,徐志摩从未如此纠结过。然而对于这次略显正式的登门拜访,徐志摩竟觉得怎么样穿都显得有些不妥。在选衣服时产生一种很奇怪的不知如何把握的感觉。然而这感觉稍纵即逝。徐志摩从衣柜里取出了一身浅灰色的中山装,不失庄重又不显得沉闷。徐志摩面上总算流露出满意的神情,换上了衣服。

到王家的时候,已经是下午了。

看得出来,陆小曼和王赓已经是做好准备的了。王赓这日也穿了中山装。而陆小曼则穿了一身素色的旗袍,配以深红色平底布鞋,显出一种为人妇的贤惠和低调。这时的陆小曼,让徐志摩看来很是舒服,可是又有点心酸。毕竟,此般佳人,已经嫁作人妇。徐志摩的思绪不禁回到了在欧洲的岁月,他与林徽因通信的字字句句依稀在眼前。回想自己往日匆匆,心中所爱终究不可得。

这一刹那,徐志摩的失意总归是明显了些。且不说胡适与陆小曼,就连身为军人的王赓都察觉了出来,不禁开口问:"志摩的脸色有些不好，可是身体不舒服？"

徐志摩这才从西半球的暖阳中跳回现实，对王赓勉强挤出一个礼貌的笑道："并没有，只是刚才忽然想起了一些事情罢了。"

"哦？不开心的事情就不要想了吧。"王赓回应道。

"本想今日为你们二人引见的，可是不想蒋先生还是抢先一步先介绍你们二人认识了。"陆小曼见状岔开了话题，"不过，还是想邀请二位来家里与先生相见，显得更亲切一些吧。"

"得到此番重视，的确是我的荣幸。"徐志摩附合道。陆小曼的善解人意徐志摩是看在眼里的。

虽然开局有一些不愉快，可是这一个下午——吃茶、下棋、聊天，时间倒也过得飞快。王赓看得出，往日常常闷闷不乐的妻子，今日是很开怀的。她总归是喜欢热闹的。

所以用过晚饭后，王赓便十分真诚地邀请徐志摩与胡适常来王家玩："志摩，胡先生，你们日后可要多多来玩。我这粗人，平日里只知道忙，都没有人能陪伴小曼，你们常来，也热闹些。"

"王将军怎么能说是粗人，我们诚心感谢王将军的招待。我们也很开心，能够常来实是求之不得。倒是难得王将军不怕叨扰。"胡适回应道。

"他们二位二十日就要为老诗人送行去了，说是常来，怕是也没有机会了。"陆小曼面露遗憾地说道。纵然是表露遗憾的话语，说话的她脸上倒是带着甜甜的笑。她必须承认，原本沉闷的生活被画上了一抹亮色。她需要朋友，需要社交，也需要浪漫。

而站在一旁的徐志摩却是愣了一下，陆小曼竟然连他离京的日期都记得这样清楚准确。愣过之后，徐志摩会心地笑了一下。受到别人的重视与关注，总归是一件令人开心的事情。

何况，这个人还是你本身就重视与关注的那个。

秋　枫

徐志摩离京的日子一天天临近，日历很快便翻到了五月二十日那一页。

虽是夏日，这一晚却显得霜露深重，使人难眠。

徐志摩穿着一件薄薄的白色长衫躺在床榻之上。不消一刻钟，他已经翻了十余次身，却还是怎么也睡不着。明明是仲夏时节，他却偏偏觉得有一些冷。终于，他轻轻叹了一口气，起身去床榻旁的立柜里面取出一张米白色的薄被。然后走回床上，轻轻盖上那袭被子。周身的寒冷似乎确实有了缓解，徐志摩轻轻合上双眼。

然而，一合上双眼，眼前还是那个影子——很是清瘦，穿着中式上衣和百褶裙的林徽因。

他很不愿意回想起那晚发生的事情——

前天晚上，他还是约见了林徽因。他记不清那天他都对她说过什么。他爱她，这话他是肯定说过的。而且说了许许多多遍。最后，林徽因还是转过身去，背对着徐志摩，冷冷地说出那句"不可能"来。

他记得他愣了几秒，然后轻声"嗯"了一句。然后便缓缓转身，离开。

徐志摩如今是懊悔万分的，他独独懊悔他没有叫林徽因看着他的眼

睛再和他说一遍那三个字——不可能。因为此刻的他甚至觉得，林徽因背对着他并非仅仅因为拒绝他的不忍，也是因为难以控制自己的伤心。

徽因啊，你说的话可否出自真心？当时未问出来的话如今在徐志摩心里萦绕不去。其实他并不十分了解林徽因的想法，可是林徽因当年在欧洲确确实实是有情于他的。他记得林徽因那时的眼神，里面满满是似水的柔情，荡漾在她清瘦的面庞上，格外引人怜惜。

迷茫与懊悔侵蚀着徐志摩的心，即使盖上了薄薄的被子来抵御这深夜的凄寒，徐志摩还是难以入睡。他开始尝试着逼迫自己不再去想林徽因，却发现自己的思绪远非理智可控。毕竟，第二天他就要去为老诗人送行去。待他再返回北京的时候，只怕林徽因已与梁思成共赴美国留学去了。那时，徽因定然归期难定。何时能够再见，是谁也说不准的事情。徐志摩愈想愈悲，简直要流下泪来。

窗外，不知名的鸟发出同样悲伤的啼叫，划破寂静的夜，直划到徐志摩的心上来。他终于侧卧着流下了眼泪。

想得却不可得，你奈人生何。

天终于亮了，徐志摩是眼看着天一点一点亮起来的。不对，说是一点一点亮起来的实在有失准确。天是一点点没有那么黑暗了，然后在一个确切的时刻，由黑夜变为了白昼。起初那白昼也不是十分明亮的，是在其后一点一点亮起来的。

暗夜的逝去与白昼的来临可能是渐变的，然而由暗夜变成白昼却是一个瞬间的事情。就好比我们总以为我们是因为时间的推移渐渐不爱只属于过去的那个人了。殊不知，其实放下是一瞬间的事。然后那个瞬间之后，你会发现，之前所经历的所有黑暗，不过是因为还没有到那个时点。

徐志摩要送老诗人赴日，离京的这一天，正是五月二十日。徐志摩与恩厚之等人一齐从北京乘火车到太原。老诗人离京，送行的人并不在少数。

昨晚彻夜未眠的徐志摩，此刻怎么也打不起精神来。对于前来送行的人，他竟连作别的话都提不起精神说。一路上尽是恩厚之在与人寒暄，感谢前来践行的人。徐志摩的心事，他自然是看得出的。他想开口劝解徐志摩，却发现其实说什么都显得很多余。

徐志摩的目光在人群中搜索着，他在寻找林徽因。回想起徽因那晚的决绝，他甚至害怕她不来为自己送行。若是那样，自己的心岂非要碎成残片。

车站的人是那样多，多到有些让徐志摩觉得无力。他生怕林徽因明明来了，只是因为站得太远，而他却没有看到。可是，又怎么会呢。那个此生唯一可以触及他灵魂的女子，他又怎么会认不出呢。

终于，他看见了林徽因。不是两个人隔着人潮的四目相对，却是她与梁思成忽然之间站到了他的面前。梁思成在与他说着"路上多加小心"一类的话语，而他与林徽因却沉默着。

终于，徐志摩吐出一句："有劳挂心了。"便转身先与老诗人上了火车。

这一句"有劳挂心了"实则一语双关。明里，是回应梁思成的那句"路上多加小心"。而暗里，则是对林徽因的送别给予的回应。这话，多少是有些带着幽怨的。像是在说，既已拒绝了我，又何必来这里再惹些伤怀。然而，却也带着一些由衷的谢意。他终究是不忍心责怪林徽因的，她能来送自己，他自是有几分感激的。

况且，他有什么资格去责怪林徽因呢。一个人的悲伤与颓然，大抵也都是要怪自己，而怪不得旁人的。

虽然上了火车，可是他的心终究还是放不下月台上那个瘦削的身影。终于，他拿出随身带着的信纸与钢笔，决定给林徽因写一封短信。他匆匆写了六行字，火车发动机的声音便传入耳畔。此时，恩厚之也已经上了火车，正朝着他和泰戈尔的座位走来。眼看着火车就要发动了，徐志摩还有几句话没有写，却还是合上了笔帽。奋然起身，打算冲下车去把信函送到林徽因手中。恩厚之见徐志摩手中拿着一张折了三折的纸,又匆忙起身,霎时间便明白了徐志摩想要做什么。他必须拦住徐志摩,若是他真的奔下车去,只怕大家都是要难堪的。而志摩自己怕也要更加难过。

"志摩!"恩厚之说着拦下了徐志摩,同时一手抢过徐志摩手里的信函。

"不要拦着我,来不及了!"徐志摩眼神里满是焦急,也不去看恩厚之,还是扭头看着车窗外月台上的林徽因。

恩厚之握着徐志摩小臂的手并没有放松,用并不大的声音在徐志摩耳边道:"就算是来得及,又怎样呢。"

听了这话的徐志摩,宛如泄了气的皮球一般,一屁股又坐回了座位。

他并不说话了,安静地坐在座位上。他的双眼仍旧望着窗外,只是眸子里映着的不再是林徽因,而是苍茫的天空。望着窗外,徐志摩捏了捏手里的钢笔,踌躇了一下还是拔下了笔帽,在正摆在他面前的信纸上行云流水地写下一首诗来——

去吧,人间,去吧!
 我独立在高山的峰上;
去吧,人间,去吧!
 我面对着无极的穹苍。

去吧,青年,去吧!
 与幽谷的香草同埋;
去吧,青年,去吧!
 悲哀付与暮天的群鸦。

去吧,梦乡,去吧!

我把幻景的玉杯摔破；
　去吧，梦乡，去吧！
　　我笑受山风与海涛之贺。

　去吧，种种，去吧！
　　当前有插天的高峰；
　去吧，一切，去吧！
　　当前有无穷的无穷！

　　笔尖刚刚抬起，徐志摩感受到了一只手轻轻搭着他的肩膀，他下意识地扭头，便看见恩厚之鼓励的眼神。毕竟，不能因为自己的情绪影响到远道而来的泰戈尔。

　　那也只是一个瞬间的事——就让一切都随风去吧！徐志摩随后把目光从车窗外收回来，然后换上由衷的笑容，给老诗人讲窗外途经的都是些什么地方。

　　即将作别的，总是带着万般不舍；而恰在眼前的，却又难以给予十分地珍惜。

　　徐志摩落脚太原的第二天，便收到了陆小曼的来信。这信并非是邮电局寄来的，而是小曼的一个常常往返山西和北京的朋友带来的。

　　徐志摩打开信。信并不长，主要是说陆小曼那日恰发了高烧，实在无法到场去为徐志摩送行，所以又特地写信前来问候。之后又随意谈了些生活上的事，以及对徐志摩之后行程的问询。

　　若说与陆小曼的通信，也是有过几次的。不过内容都是极其简短的。但这一次，徐志摩却在晚饭后沉吟许久，然后写了一首诗回复过去。并未直言自己的行程，却告诉了陆小曼"秋日自回"的归期。

　　徐志摩一行人只在太原停留三天。于是写完回信徐志摩便匆匆去寻了邮电局，将信寄给陆小曼。

五月二十三日，徐志摩便离开太原返回石家庄，南下汉口，取道长江直达上海。

六月初时，徐志摩便同张歆海一起送老诗人到了日本。

送别了老诗人，徐志摩心中有些落寞不舍，但同时又有些释然。这些时日，为了陪着老诗人，他甚至没有一段空闲悠然的时光来好好梳理自己的生活。所以送走了老诗人，他便也与张歆海分开了。他并没有选择回京，而是去庐山寻了一隅僻静之地，专心翻译泰戈尔的著作。同时，也静下心来，每日只与粗茶淡饭和山间清泉打交道。

在庐山上过着隐居一样生活的徐志摩，也还是怕孤独的。所以，他想来想去，还是给陆小曼去了一封信，告知此刻他的所在。并且说明他自己现在的畅快，以及之前的心中不快。

徐志摩是七月中到的庐山，收到陆小曼的回信却是在八月上旬了。那信从庐山一路颠簸到北京，回信再从北京一站站送到庐山，竟费了近一个月的时间。

信中，陆小曼也隐隐写出自己生活的无趣，并且有些不喜欢现在的处境。她只希望生活能够再多一些色彩，又回忆起之前与志摩跳舞的情形，觉得实是有些怀念。小曼向来是个要强的骄傲女子，此刻竟然明言自己生活的不顺心。这无意间触及了徐志摩心里最柔软的那一部分——只因此刻的小曼，与他的境况是那般同病相怜。

徐志摩忽然想要回京。于是八月中旬，他便回京了。

八月中旬的新月社活动甚少，胡适便与徐志摩整日寻思着去何处游玩。然而他们二人又嫌不尽兴。自王赓与徐志摩正式认识了之后，胡适与徐志摩便常常去与他们谈天。于是这少人的时候，胡适便也邀请王赓同陆小曼一同游玩。

王赓起初还是与他们同去的。然而他着实是事务繁忙，加之本身对这些活动的兴趣也不大，干脆便直言不能陪他们前去了，只叫他们同去。只叫陆小曼同他们一同游玩。毕竟妻子常常在家中觉得无聊的现状，他是知道的。

北京的秋日，正是枫叶飘红的季节。

"槁庭多落叶，慨然知已秋。"晨曦暖室，周末的新月社里传来胡适的吟诵，不免听出惬意的情怀。

徐志摩步履轻松地踏入室内，转身合上门把，悠然答道："'今我不为乐，知有来岁不？'。可是陶渊明的秋游之感？细想此时的西山正是枫叶好时节呢。"

"你可来了。"胡适语气轻快地打招呼，而后起身为好友泡一杯润脾养胃的古树普洱茶。茶烟袅袅，两人相谈甚欢，忽起了西山一游的情致，思及人多更佳，便备着前往王赓家里，邀请他与小曼夫妇二人一同游玩。

毕竟胡适与小曼交情甚笃而徐志摩与王赓也是同门，二人多次到访王家。于是，徐胡二人径直走入王家书房，并无仆人阻拦。

"王兄，早安啊。"徐志摩热情洋溢地问好王赓，"北平也总算入秋了，此时此刻最不能错过的就是红叶经霜了，不如我们一同动身到西山赏游？"

埋头研究军情的王将军停下手里的工作，抬起头却并未起身，犹豫了一下说："真是不巧，志摩，我手头还有些工作要做。"

"这般好的天气难得得很。"胡适在一旁劝道。

"昨晚小曼正说着怨家里闷，想出去转转，就让小曼陪你们去吧！"语毕，王赓便叫来李姨，吩咐她领着徐、胡二人去找陆小曼。紧随着拘谨低头的李姨，穿过深幽古典的庭院，徐志摩一眼便寻觅到爬藤蔷薇旁亭亭玉立的美人儿，她穿了一件银灰色绸子的长衫，正好齐平膝盖，顺长衫的四周边沿都镶了桃色的宽辫，辫子中间，有挑着蓝色的细花和亮晶晶的水钻。她光了一截脖子，挂着一副珠圈，在素净中显出富丽来。陆小曼回眸，四目相对，竟有些失神，随即在李姨的唤声"太太"后，两人仿佛刹那间戴上面具一般，换上一副表情，客气地相互寒暄。

一刻钟的休整收拾后，三人坐着王赓早早备好的黄包车，动身前云西山余脉荷叶山。

秋天的正午，懒洋洋的阳光毫不费力地驱散阴冷的霜雾，三人沿青石板铺成的小道拾阶而上，一路谈笑自在。倏地小曼一声惊叫，原是脚踩青苔，不禁身子向前倾，走在前面的徐、胡二人马上转过身，都想接着小曼。

她情急时分却脱口而出："志摩！"

胡适一愣，身子一僵，不得已定住，神色尴尬。小曼就顺势倒入身着藏蓝西装的徐志摩怀里，两人脸色浮现隐约的淡红，但马上就分开，好像刚刚不曾发生过什么。胡适看到，立即明白了陆小曼对徐志摩心里是有好感的。然而陆小曼终究是有夫婿的。想到这里，胡适便不再去想了。毕竟，他怎样想，于事态都是没有影响的，况且他也不知自己的猜测是否就是事实。

山气日夕佳，午后总是免不了些许炎热，三人走了不多一会儿便都觉得有些倦了。便在山腰上寻了一处凉亭歇息。

待三人在山中凉亭憩息时，郁达夫先生却急匆匆地出现，望见胡适，舒心一笑："总算找着你了，关于新月社的要事，便只能赶来叨扰你们，适之随我回京吧。"

"何事？"胡适见郁达夫如此着急，不由得也露出了焦急的神色。

"那期月报的事情，有几个记者希望即刻见到新月社的负责人。"

郁达夫说得很含蓄。

胡适抱歉地望着另两人，只见小曼一副不情不愿的脸色，委屈不舍地说："我可一定不会现在跟着适之回去的，为枫叶洗妆，好不容易有此番天气，不容易出门散心。"

胡适带着笑说："不如这样，在下先回去处理要事。让志摩在这山上陪着小曼。"徐志摩望了望胡适，又转头看了一眼身侧的小曼，道："那好，你便先回去处理。若是需要我，派人来找我便好。"显然徐志摩也对这新月社突如其来的"要事"而感到些许担忧。

而后，胡适先回，余下徐、陆两人。临走时，郁达夫无意间瞥了徐志摩一眼，竟好像看到自己的模样，怕也为一个追求不羁的灵魂啊！

最妙的是，胡适走后不久，西山便下起了秋雨。虽说是秋雨，却也并非冷冽沁骨的大雨，而是犹如春雨一般的微微小雨，带着一番别样的温柔。而雨中摇曳的红叶，英气逼人却又柔情万千。

而这时徐志摩与陆小曼已经离开了凉亭，又向山上行进了一段路程，这时路边并没有可以避雨的地方。而二人见下起了雨，便又急急奔回刚才休憩的凉亭。山上的路并不平坦，陆小曼又穿着带半跟的鞋子，由于怕摔倒，便轻轻扯着徐志摩的袖子。徐志摩感到陆小曼在拉着自己，不由回头看了她一眼——在蒙蒙雨中，陆小曼的神情里有一丝慌张。这个时候的陆小曼，再也不是舞池中那个熠熠闪光带着无限自信的社交皇后了，她只是一个在雨中山间害怕摔倒的小姑娘而已。陆小曼意识到徐志摩在看着她，便也回望徐志摩。她清楚地看见，在徐志摩的眼中，温情中带着一点点他并不常常表露出来的柔软。

这对视，只有几秒，却好似半生漫长。

蒙蒙小雨中，两人很快便返回了凉亭。两人在此番意境下避雨，徐志摩意兴大发。他起头悠然道："金井梧桐秋叶黄，珠帘不卷夜来霜。南宫里的金装美人、雨伴秋枫，可谓人间美色的极致，此景亦如。"言语间对陆小曼的赞美和欣赏，令小曼心花怒放，这正是王赓永远无法给予她的罗曼蒂克。

陆小曼到底也是一代才女，芳唇吐出妙诗："寒夜孤单谁相伴，雨意绵绵情难断。枫醉未到清醒时，情落人间恨无缘。我们，不算是无缘的吧。"

听罢，徐志摩脑海里早已是思绪万千，林徽因、凌叔华和眼前的小曼面容交错，令他难以抉择。他未接上小曼的感慨，转而目眺远方，佯装思绪已转移到像野火似的满山烂漫中。

傍晚时分，一辆黄包车不偏不倚停在王赓家门前，正是徐志摩将小曼送回。进门之前，陆小曼与徐志摩在门前道别。陆小曼与徐志摩相对而立，头顶刚刚好是徐志摩下巴的高度。徐志摩正要离开时，小曼从长衫兜里掏出几朵经雨水洗礼的格外妖艳的枫叶，站在门阶，将这些下午精心采摘的秋天的红叶放在志摩的上衣口袋里，认真不苟又显得端庄典雅。放罢，陆小曼在他耳边轻声细语："秋复秋兮红叶在，片片红叶惹秋思。"

得佳人赠红叶，又闻得妙语，徐志摩不禁又是一阵恍惚。他定定地望着陆小曼，带着掩不住的笑意道："谢小曼一番美意。"

陆小曼抬头，献上天真无邪的少女笑容。随后，小曼转身跨入庭院。

此时，徐志摩站在王家门前，凝视着这一簇枫叶，似团团燃烧的火焰，凝聚着激情，像是预示着情感的火山即将喷发。他陷入沉思，久久不曾离去。

时间和新欢，是最好的解药，以解旧爱之毒。

第三卷

为君奏琴忽弦断

曝　信

自与张幼仪离婚以来，徐志摩与父亲的关系便不如从前那样融洽了。毕竟，张幼仪是父亲亲自为自己挑选的贤妻。纵使自己不爱张幼仪，她也是没有半点过错的。父亲的选择是正确的，而他为了追求自己的自由，伤害了父亲也伤害了张幼仪，他心中始终怀着歉疚。可是徐志摩心里丝毫不后悔，若是再给他一次机会，纵使无法与林徽因结合，他也是要与张幼仪离婚的。爱便是爱，不爱便是不爱，无爱之婚姻有如没有血肉的人生，怎样都是不快乐的。

然而，父亲在这之中与张家的为难之处，徐志摩是知道的。徐志摩心疼父亲，却依然没有改变自己的决定，这让他更加觉得有愧于父亲。然而一向心怀孝道的他在这之后，虽然没有正式向父亲表白自己的歉疚，但给父亲母亲的家书却变得勤了。

在第一次与胡适等人参加凌家的画会时，徐志摩被凌叔华的端庄雅致所吸引。便不由得在给父亲的信中透露出对凌叔华的欣赏。而在父亲的回信里，徐志摩也看出了父亲对凌叔华的喜爱。是啊，这样得体又美丽的才女，怎能不让人喜爱。

为了讨得父亲的欢喜，每次与凌叔华交往中，徐志摩都会在信里告诉父亲。

而徐志摩与凌叔华的关系也不再限于书画交流,他们已用尺素互诉衷肠。

至于他们的第一封信,是凌叔华写给徐志摩的。那是他们第一次在凌家画会上相见之后,凌叔华写来邀请徐志摩继续参加一个星期之后的第二次画会的。

徐志摩仍能记得第一次他们相遇的场景——

在凌家书房的院落里,在院落回环的长廊里,他望见那个着淡青色旗袍的凌叔华。彼时,凌叔华正凝神望着长廊壁上的一幅水墨画。大家都在大书房里说说笑笑,回廊里幽静得只有徐志摩和凌叔华。凌叔华听到脚步声,便回头去望徐志摩。

在认出来人是徐志摩的一瞬间,她绽开莲花一样的笑容对着徐志摩微微点头,然后轻轻道:"见过徐先生。"

鼎鼎大名的诗人徐志摩,画会东家凌家的千金凌叔华——他们早就知道彼此是谁,因此第一次相会,便像是早已熟识一般。略去询问,略去自我介绍,只有一句举重若轻的问候。

此时徐志摩的眸子里映着凌叔华的影子,他倒也真性情,便直言赞美道:"凌小姐这一身美极了。"

与君初相识,犹如故人归。

这一声赞叹,倒像是熟识已久的旧友今日换上了新衣。是以越过问好和寒暄,直言夸赞。

听了这话的凌叔华脸上不由泛起两片绯红,羞赧地答道:"谢徐先生夸赞。"

一身清冷高洁的凌叔华,因了这两片绯红,又透出了那种少女稚气的动人来。

当徐志摩看到那凌叔华亲笔撰写的邀请信,脑海中便浮现出第一次见凌叔华的场面。她实在是个让人不由得心醉的女子。于是短短三四行的邀请信,徐志摩回复了整整两页。其中,除了表示第二次画会必定到场之外，还谈到了许多自己对书画的见解，以及对凌叔华含蓄的赞美。

徐志摩对书画的理解自然非常独到，令凌叔华眼前一亮。徐志摩的才华果然名不虚传。便也回复自己的想法说与徐志摩听。

一来二去，两人便这样通起信来。话题也从对书画的见解拓宽到生活、到理想、到今日是欢愉还是失意。

凌叔华与徐志摩从书信上的友情笃深，徐志摩自是诉与了父亲的。而他与陆小曼在信中的丝丝情愫，徐申如却是半点也不知晓的。

至于徐志摩与陆小曼的第一封信是谁写给谁的，徐志摩却是无论如何也想不起来了。对于陆小曼，他一直是感情上向往与之亲近，而理智上又告诉自己要与陆小曼保持距离。也许这是他的记忆显得有些混乱的根本原因吧。

然而二人的通信内容是什么时候越过客套，变得犹如知己一般地谈话，徐志摩是记得清清楚楚的。那是徐志摩送老诗人离京之后，因了离京之日陆小曼未能前来相送，她便特意写信给徐志摩。信上，不仅说明了未能相送的缘由和歉意，也说明了自己生活的现状。而徐志摩彼时也是一腔愁苦无人相诉的状态。无疑，此时此刻善解人意的陆小曼是最佳的倾诉对象。

也不知是何原因，一向要强的陆小曼也说出了自己的心声。虽然在外人的目光下，她得觅良婿。可是王赓虽然是青年才俊，也受过高等教育，可是他终究带着军人身上的那种严肃刻板。渴望着建功立业的他每日都忙于工作，希望早日将自己的才能发挥出来。这与陆小曼与生俱来的浪漫随性格格不入。陆小曼是喜欢热闹的，是喜欢社交的，她忍受不了孤寂一人的苦。她希望丈夫能够时刻陪伴她，可是丈夫却一心扑在事业上。然而陆小曼对丈夫仍是十足的敬重，王赓对妻子也是全心地呵护。可是，二人始终难有欢愉。

纵使举案齐眉，到底意难平。

九月末,徐志摩独居上海。此刻的他同时与陆小曼和凌叔华通着信。

儿子南下,徐申如便入沪去看望儿子。也巧得很,徐申如一入上海,便遇上了来上海采购军火的王赓。

"王将军也来上海了?"先说话的是徐申如。

"啊,徐会长竟也在这里。我是来上海采购一批军火的。"王赓说道。

"我是听说志摩来了上海,硖石离上海这样近,我便来看看他。算算,也有半年未见了。"徐申如也说明自己的来意。

"我也许久没见着志摩了,不如我同您一块去看看他吧?"王赓提议道。

于是王赓便上了徐申如的汽车,与他一同前往徐志摩居住的旅馆。

王赓与徐申如到旅馆的时候,徐志摩刚好在旅馆一层的前台取信,凌叔华与陆小曼的各有一封。他远远便看见了父亲下车,于是迎了过去。

"父亲,您来了。"徐志摩走到车前,对徐申如行礼,旋即看到了随后下车的王赓,疑惑道:"受庆,你怎的也来了上海?"

"我是奉命来此采购军火,恰巧碰上了徐老先生。否则,我都不知你来了上海了。知他恰巧要来看望你,我便与他同来。"王赓解释道。

"志摩,当真是多日未见了。"徐申如看着徐志摩的眼神里带着点心疼。徐志摩在庐山翻译书稿,吃的是粗茶淡饭,自然有些瘦了。而他的消瘦,徐申如是看在眼里的。

"是,父亲,我们进去说吧。"

随后徐志摩转身,带着徐申如与王赓走到了他居住的房间。那房间并不大,只有一张床和一张书桌,虽然简陋但是干净得很。屋内只有两把椅子,徐志摩便让徐申如和王赓坐着,自己转身去烧热水,给他们泡茶。

坐定之后,王赓和徐申如都在询问着徐志摩的近况,徐志摩便将自己一路南下送别泰戈尔,随后又在庐山翻译书稿的细琐之事一一说给父亲和王赓听。

徐申如也客套地问起王赓近来如何。

王赓只消一句话便概括出了自己的近况:"无外乎是处理军务,还常常出差在外,倒也不觉劳累。"

然后,徐申如终于提到了凌叔华的名字。儿子多次在给自己的书信中提到这个令自己还颇为喜欢的女子,徐申如便问道:"却说你与那凌家小姐,仍一同办画会吗,你身不在北京已经许多时日了吧?"

"虽身不在京,我与叔华却是时时通信的。倒也未曾落得生疏了。正巧,今日刚收到叔华的来信。父亲你且看看。"徐志摩说罢便将手里握着的信递了一封给徐申如。

徐申如含着笑接过了信,同时口里说道:"你这小子,竟将佳人的信拿出来给我这老爷子看,小心被凌家小姐责怪。"虽然嘴里这么说,可是徐志摩和王赓都看得出来,此时徐申如是极为欢喜的。

徐申如拆开了信,王赓与他同看。然而他们二人的目光刚扫过几行,便齐齐地变了脸色。尤其是王赓,已经脸色发青了。

徐志摩不解地问:"可是有何不妥?"

徐申如将第一页信纸放在第二页信纸下,一眼便看到了那个落款。他将信往徐志摩床上一掷,怒道:"你自己看看这是谁给你的信!"

徐志摩这才缓过神来,拿起手上的信看了一眼——原来凌叔华的信还在手上,递给父亲的是陆小曼的信。

在一旁看信的王赓在看到落款一个单薄的"眉"字的时候,已经愣住了。信上的温情言语,妻子是从未同自己说过的。而如今,竟写在信里,款款说与徐志摩听。妻子近日要来上海的事情,他是知道的,他本以为是因为妻子思念出生之地而且自己又恰巧在此采购军火。然而刚刚那封信上白纸黑字地写着"君之邀约,自然应来"。自己思念的妻子,竟是应着徐志摩的邀约才决定来上海。他在原地愣了几秒,终于抬头愤恨地看了徐志摩一眼。这时的他,是半个字也说不出来的。想当初他竟还总让他们相伴出游，真是愚蠢至极。徐志摩和徐申如此刻都看出了他难看的脸色，王赓一言不发，夺门而出。

"受庆！"徐志摩在身后叫了他一声。但王赓仍然是头也不回地走掉了。

"你还好意思去唤人家，真是不知羞耻！"徐申如此刻的心情是复杂的，一来是儿子竟然与有夫之妇情意绵绵，二来是当着王赓的面他实在觉得有些难堪。

徐志摩低着头，不知道该说什么去回应父亲，便解释道："我与小曼，不过是朋友关系罢了。"

徐申如定定地看着他，冷冷道："朋友之间用得着如此暧昧的措辞吗？"

此刻徐志摩并没有说谎，虽然他心里也有对陆小曼满满的欣赏。可是他与小曼相交从未越过朋友之礼。然而此刻，他竟也有一种私情被发现的感觉。

"我与小曼，不过算是知己，彼此吐露些生活里的忧郁。何来暧昧之说。"徐志摩道，"只可惜受庆此刻不在场，我无法同他解释。他实是错怪了我与小曼。"

"哎。"徐申如此刻也不知道是相信儿子好，还是继续斥责他好。他转脸看了一眼徐志摩，便拂袖而去。

徐志摩一个人坐在床边，不知道该做些什么好。他曾经想过去找王赓解释，生怕他误解了陆小曼。可是，他又怕去了后越描越黑。徐志摩想给陆小曼写信向她致歉，然而却怕这信被旁人看了更成了确凿的证据。

终是自己对不起小曼，是自己把她的来信泄露了出去。徐志摩想到这里，不禁有些颓然。自己怎么能够这般大意，竟将陆小曼给自己的书信当成凌叔华的交给父亲。

徐志摩拿着那封自己都没有读过的信，默默看了一遍。信中虽然没

有直言情愫的文字，却写满了对徐志摩的牵挂。徐志摩一字一句看下去，不禁红了眼圈。小曼这样牵挂自己，自己却害了小曼。这样的字句，也难为王赓愤然离去。

茫然无措中，徐志摩也有一丝安慰——小曼心中，是有自己的一席之地的。

几日之后，应着徐志摩的邀约，陆小曼也来了上海。尚不知道此事的陆小曼住在了蒋百里家里。

陆小曼是中午到的上海，刚一到蒋百里家便看见了坐在正厅的王赓。

还没等陆小曼把行李放进卧房，王赓便当着众人的面质问她："你给徐志摩写的信是什么意思？"

陆小曼微微一怔，仍然没有意识到是自己写给徐志摩的信被王赓看到了，疑惑地说："你是什么意思？"

"你来上海，我还道是想来看我，或者是你想念故居。没想到，你竟是为了看他来的！你和我的同门兄弟言语这样亲密可有想过我吗？"王赓并不回答陆小曼的问题，继续责骂她。

蒋百里和几个友人正在厅堂上，本来是为远道而来的陆小曼接风的。当同门兄弟四个字传进她耳朵里的时候，陆小曼明白了令王赓如此生气的是什么事情。她不知道王赓是怎样知道的。当着众人的面，陆小曼不禁低下了头，她不知道如何解释。她骗不了自己，她的心，早就对不起丈夫了。可是，王赓又怎么可以如此不顾她的感受，在众人面前责骂她。

她还是忍不住回了一句："我刚来你就在这里大发雷霆可有想过我吗？"

"你知不知道羞！还要顶嘴？"王赓见陆小曼反驳自己，更加生气了。

王赓当着这么多人，仍然责骂自己，陆小曼恼得满面通红，再也说不出来一句话。

"受庆，小曼才刚刚来，有什么话你等她安顿下来再和她慢慢商量嘛。"说话的是蒋百里的表弟蒋复璁，他并不知道发生了什么，但是看着陆小曼即将哭出来的脸，他知道此刻劝王赓冷静下来才是最紧要的。

王赓仿佛刚刚才发现旁人的存在一般，语气终于缓和下来："你且在这里安顿下来，明天我再来与你好好谈谈。我回旅馆了。"言罢，王赓便在众人的注视中缓缓走出了蒋家。

陆小曼忽然眼前一片黑暗，只觉无法站立。正当她要倒下的时候，她感觉到一双温暖的手托住了她。那个瞬间，脑海中闪过徐志摩的脸。然而当陆小曼转过头去，她看见的是惜君瘦削的侧脸。她顺势依在了惜君肩上，这个纤弱女子竟是她此刻唯一能够依偎的人。

"小姐，你怎么了，我扶你回房间？"惜君满脸关切，她知道每在这大厅停留一分，陆小曼的痛苦就要多一分。

"给小曼准备的房间在二楼。"蒋复璁连忙为惜君和陆小曼引路，又询问道："可用为小曼去叫一个医生？"

陆小曼摆摆手，道："我歇歇便好。"

终于，跨过二十七级台阶，陆小曼来到了她的房间。惜君帮她把行李安置好便体贴地退了出去。陆小曼为自己脱下鞋子，轻轻坐在床边。

她本以为此时心中会是许许多多无措和恐惧。可是她此刻的心境是出乎意料的平静。她不觉得悲伤，亦不觉得无助，她只是累。

穿着白色衣裙的她缓缓躺在白色的被单上，就像一滴水消失在湖中。

流　言

虽然三个当事人都没有告诉旁人，究竟是因为什么让王赓当众骂了陆小曼。可是蒋家上上下下还是都知道了这件事情的原委——陆小曼似乎与徐志摩有了婚外情。纵然当时陆小曼和徐志摩尚是朋友关系，从来没有谈及过情爱，可是在众人看来，一封言辞暧昧的书信足以说明一切。

虽然当时在留学生中亦有不少涉及婚外情者，但是大部分人是既不理解也不支持婚外情的。蒋家人异样的眼光，陆小曼是可以感受到的，一开始，陆小曼还在安慰自己——他们并不知道徐志摩的事情，只是因为王赓与自己大吵一架而感到疑惑罢了。

直到连惜君都忍不住来问她："小姐，你与徐志摩的事情，可是真的？"

"什么真的假的？"陆小曼愣了一下，不知作何回答，只好反问。

惜君犹豫了一下说道："蒋家的人都在传，你与徐先生有婚外情。"

陆小曼没有办法装糊涂了。其实她可以告诉惜君，她与徐志摩仍然只是朋友而已，是他们误会了自己。可是只有陆小曼心里知道，此时她已经不单单将徐志摩当成朋友看待了。也许否认这一点可以更好地保护自己，但陆小曼不想对惜君也不想对她自己的心说任何谎话。

陆小曼沉默了很久，终于开了口："此刻我与志摩，尚是朋友关系。

没有做过半点对不起先生的事情。"

惜君听了这话，点了点头。

然而陆小曼还没有说完，她顿了一顿接着说："但是我心于志摩，是有情的。"

"啊！"惜君禁不住轻轻惊呼一声，陆小曼前后话语里的转折，惜君是没有料到的。

"惜君，平日里我面上的欢笑，瞒得了别人，但怕是瞒不了你的。大家都以为我的日子过得欢喜极了，只有你日日在我身边，你看得到我快不快乐。"陆小曼说话间握住惜君的手，坦言自己心中的不快乐。

"小姐，我懂。虽然在外人眼里，姑爷青年才俊，可是他性情里的粗糙与小姐你的浪漫细致，确实是不合的。"惜君垂下眼道。

"我话里没有任何抱怨他不肯陪我的意味，他忙于事业我是理解的。我们只是志趣不一罢了。"陆小曼叹了一口气，本想抱怨几句王赓当众责骂她的事情，可是想到在背后抱怨丈夫是有失风度的事情，便忍了下来。

"小姐，那你打算怎么办。"惜君不知所措地问道。

"顺其自然吧。"

此刻的陆小曼，心中所想，无非是见徐志摩一面。然而她也明白，此刻是万万见不得徐志摩的。她很想知道，对于这件事，徐志摩是怎么想的。许多次独自坐在房间里的时候，她都忍不住提起笔，想要给徐志摩写一封信。然而，这一次，她暗暗希望可以是徐志摩先写信给她，而不是自己先提笔。

第二日，王赓便来蒋家，要与陆小曼谈谈。

陆小曼躺在卧房里，不愿到大厅里去。王赓便来卧房里。他见到陆小曼时，陆小曼侧身躺在床上，背对着他。他便坐在了卧房的小沙发上。陆小曼听见声响，知道是王赓来了，可是也没有转过身。

两人沉默了一会儿,王赓先开口了:"你有什么要解释的吗?"

"我没有做过对不起你的事情。"陆小曼的声音很小,却坚定得很。

"那你给他写那样的信,作何解释。"王赓也努力使自己心平气和。

"我有与别人通信的自由。我确实是应他的邀请来上海的,这一点,的确没有与你说过。"陆小曼依旧背对着王赓。

"你竟然这般理直气壮。"王赓没有想到陆小曼是这样的态度,他本想着陆小曼若是与他道歉,他便再也不追究此事。

陆小曼不再说话了,她心里是不想触怒丈夫的。然而她觉得自己在这件事上没有半点错误。她能承诺给丈夫的,只是自己的行为。而自己的心,她自己都控制不了,她如何再把自己的心也一同承诺给丈夫呢。而此时,她并没有与徐志摩做过任何僭越朋友界限的事情,丈夫却误解她,当众责骂她,这已经是丈夫的不对。

"你怎么不说话?"王赓显然没有结束这场谈话的意思。

"我无话可说了。我自嫁给你来,虽然不比旁人家女子贤惠,可是对你的敬重是时时在心里的。而你,不顾我的感受当众使我难堪,可有尊重过我?"陆小曼终于说出了心中的怨怼。

王赓愣了一下,他没想到陆小曼竟然反过来责怪自己。可是,陆小曼说的确实是事实。他不应当控制不住自己的脾气,去伤害自己的妻子。王赓不知道说什么才好,也不好意思去和妻子说一句抱歉,只得说:"既然无话可说,你便好好歇着吧。我先走了。"

王赓坐了两三秒,想等陆小曼对他说一句"那好"或者"再会"。可是陆小曼一句话都没有说,也没有转过身来看他一眼。

他缓缓起身,推门离开。

与陆小曼的沟通算是以失败告终。王赓的无奈,徐志摩的表弟蒋复璁是看在眼里的。他便给王赓出主意,让王赓把陆小曼送回北京。毕竟,这样可以减少她与徐志摩见面的可能性。两个人同在上海,事情只怕会越闹越大。

王赓听了觉得甚有道理，便将陆小曼和惜君送回北京。一到北京，陆小曼就被得知了消息的母亲带回了陆家。吴曼华对陆小曼严加看管，不许她出门，见客人也要经过吴曼华的同意。在这种状态下，陆小曼更是很难见到徐志摩。

一传十，十传百，陆小曼和徐志摩有婚外情的事情很快就在北京城里传得沸沸扬扬。

一段感情明明是两个人的事情，可是在这段感情里，备受责备的，只有陆小曼一个人。责骂她的人，不仅仅是她的丈夫王赓。连她的母亲都对她略有不满。至于那些外人，听说了此段事情的因果来去，更是将陆小曼看作一个失德的人，认为她不守妇道。

然而另一个主角徐志摩，受到的责备却很少。毕竟那封信，是陆小曼写给徐志摩的。并没有任何证据证明徐志摩亦是钟情于陆小曼。并且，有夫婿的人是陆小曼，而徐志摩是单身。加之即使新思想已经传播开来，在当时的环境之下，这种事情也会更多地被看作是女子的过错。

当时对陆小曼的攻击声是很响亮的。事后刘海粟回忆起此事的时候说道："当年在北京把她捧为天人，以一睹芳颜为快的名人雅士们，立即变成了武士和猛士，对小曼大加挞伐。好像当年卓文君不嫁别人而嫁给司马相如，这些'别人'就大骂文君'私奔'和'淫奔'，诋毁她当垆卖酒等于卖笑和卖身（天晓得，如果真有一个美艳的少女当垆向他卖笑，也许是不反对的）。"

此时的徐志摩，虽然没有受到太多的攻击。可是他心里丝毫不比陆小曼好受半点。听闻了外界对陆小曼的非议，徐志摩深深地为陆小曼感到不公。难道追求美和爱不是一个人的自由吗？难道在信中向懂得自己的人倾诉衷肠也要承受这般责难吗？况且陆小曼一个自小养尊处优的骄

傲女子，怎能经受得住这样的非议。他着实为陆小曼担心。所以，此刻他只想见陆小曼一面。然而他却听说了陆小曼离开上海回北京的消息。无奈之下，他也只得决定返回北京。

回到北京，徐志摩却发现想见陆小曼一面仍然是比登天还难。陆小曼被关在家里，没有办法出来。所以想见陆小曼，必然要去陆家。可是这种时候，陆家又怎么会让徐志摩见陆小曼。然而，陆小曼，他是必须要见的。

第一个登门徐志摩府邸的人，是郁达夫。

"志摩，你打算怎么做？"郁达夫开门见山地问徐志摩。

"我倒是不在乎舆论的评价，毕竟当年和幼仪离婚的时候已经经历过一次类似的谴责了。旁人的言语，我何必在乎，我只要追求我心向往之的人罢了。"徐志摩话里带着对"旁人"的轻蔑。

"这么说，小曼是你心向往之的人啰？"郁达夫此刻还不忘打趣徐志摩。

徐志摩听了这话，倒是有些失神，随后道："且不论小曼是不是，此刻她定然是需要支持和鼓励的。此刻我能做的，也只是支持和鼓励。她身为一个女子，能够此般勇敢，我是很敬佩的。"

"可是如今，你想见小曼，怕是很难的。"郁达夫说罢叹了一口气。

"我自然是想见她，可是此刻很难见到，我也是知道的。"徐志摩顿了一顿道，"我给小曼写了一封信，只求你能帮我带进陆家，把它亲自交给小曼。"

"这倒是容易得很，我拉上胡适，只说要去探访小曼，见她的时候偷偷交给她便好。"郁达夫道。

徐志摩转身，走到自己的书案边上，然后从那本自己正在读的《香谱》的最后一页的夹层里，取出三页薄纸。随后取了一个信封，把信放了进去。徐志摩没有用蜡油封住信，以示对送信人的尊敬。他将信双手呈递给郁达夫，郑重地道："有劳你了。"

郁达夫接过信，对徐志摩点了点头："何必言谢，今日我来这里，便是看看你有没有什么用得到帮忙的地方。要知道，你们的果敢，我是很支持的。那些无聊的人对你们口诛笔伐，实在是过分。"

徐志摩叹了口气，不知道说什么，只是重重握住郁达夫的手。

郁达夫第二日便拿着徐志摩的信，拜访了陆小曼。

郁达夫所见到的陆小曼，气色并不好。她随意穿了一件白色长衫在身上，并没有束腰带。她瘦削的身体在衣衫里晃来晃去。素色的长衫衬得她本就苍白的脸上愈加苍白。她说话的声音特别轻，似乎连说话的气力都没有了。

郁达夫与陆小曼寒暄了几句便趁着吴曼华不在边上的时候，将信递给陆小曼。陆小曼一看信封上的笔迹，便知道，她的志摩终于写信给她了。眼睛里一下子便有了神采。

郁达夫心知陆小曼一定急着看信，便告辞了。

郁达夫走后，陆小曼急急拿着信回了书房。只看了半页，她的眼圈便红了。她知道自己的眼泪即将决堤，生怕眼泪弄晕了信上的墨，便不由轻轻合上了信，去抽手帕抹眼泪。她终于哭了出来，不是因为委屈，而是觉得这世上还能有一个人理解她，支持她，这是一件何其暖心的事情。

就算已经失去了世界，可是转过身，你还在。

痛快淋漓地哭了一场后，她才又拿出信重新读了起来。字字句句，皆系真情。她仿佛看到了一丝光线，再向前走，便是黎明。陆小曼忽然觉得自己有了勇气和力量坚持下去。她是万万不能向母亲和王赓低头的。

此刻的她，胸中尽是悔恨。无爱之婚姻，怎可能有幸福。只怪自己当年未经人事，以为只要相配便可以得到幸福。殊不知，性格不相合，志趣不相同，如何能够得到幸福。嫁与王赓时，自己还从未尝过爱情的滋味。若是此刻再放弃追求爱情的机会，怕是终自己一生，也得不到爱

情了吧。

此时被世人谩骂和指责的陆小曼丝毫没有退却，她反而勇敢地正视自己的内心，对自己承认她对徐志摩的感情是爱情。

世界上最大的勇敢，就是面对无限压力时勇于面对自己的心，并且忠于自己的心吧。

人生只有一次，若是不能活出自己想要的样子，还有什么意思。

陆小曼给徐志摩回了信。信是遣惜君送到胡适那里去的，再由胡适转交徐志摩。这里陆小曼是做过考虑的，虽然她无愧于心，但也没必要让这场风波愈演愈烈。自己的贴身侍女若是直接前往徐家送信，怕是又要引起非议。

惜君倒也小心谨慎，将信送去了胡适那里，还为陆小曼带回了胡适的口信。胡适同样愿意支持她，只教她要坚持下去，不要理会旁人的言语。

旁人的言语也许可以不去理会，然而自己母亲的言语，确实无论如何也不可不理的。

吴曼华几乎每天晚上都要来小曼卧房"劝解"陆小曼。这一日也不例外。

"小曼，你说你这是何必。"几乎每日谈话的开头都是这样。

陆小曼彼时正靠在床头坐着，冷冷地说："你也劝了我那么多次，我们不如各自好好想想。"

"我何尝不愿放你好好想想，可是你日日连晚饭都不吃，为娘的如何不心疼。"吴曼华脸上满是关切的表情。

陆小曼抬头望了望母亲的脸，心中的厌烦和抗拒消散了一半。毕竟，这是从小最宠着她的人了。她伸出双臂环住了母亲，轻声道："也不是我不想吃，是我实在吃不下。你知道，我并不爱王赓。我和他在一起真的没有快乐可言。"

"小曼，你还是年轻。爱不爱其实并不是那么重要。重要的是能够安稳度日。一生的时间很长，爱情要不了多久就会消散的。而剩下的时日，靠的是男人的责任和担当。你细心想想，王赓可有半点对你不好？"吴曼华柔声劝道。

"王赓是没有半点对我不起。可是若是没有了爱，一切好也就都没有意义。若是能够得到爱，那么受苦我也是愿意的。"陆小曼说话的声音仍然是那样小，吴曼华却听得出她话里的坚定。

"小曼，爱不是一切。"

"但爱能给我真正的快乐。"陆小曼不假思索地回应道。

"那你现在这样快乐吗？"吴曼华看着女儿憔悴的脸庞，忍不住问道。

陆小曼沉默了，她现在并不快乐。甚至，也看不到得以快乐的希望。如此坚持下去，又能得到什么呢。她不知道自己坚持下去究竟有什么意义了。可是，她也绝不愿意再过回以前那个强颜欢笑的日子了，连心中的不快乐都没有人可说。

即使心中已经觉得非常迷茫，她嘴上还是不愿对母亲承认，便只能冷冷地道："母亲大人，我实在累了。让我睡一会儿吧。"

吴曼华望着陆小曼，叹了一口气道"也好。"随后便转身走出了陆小曼的卧房。

陆小曼觉得异常的累。但她明明什么都没有做，只不过是刚刚睡醒，然后与母亲说了几句话罢了。她不明白这莫名的疲倦感是从何而来。她无数次告诉自己，外界的评价是不必在乎的。自己的感受和境地，他们怎么能够懂得。

然而纵然万般疲累，陆小曼也绝对不会放弃的。没有爱情的婚姻是对自己，对对方都不负责的。也许如母亲所言，她与相配的丈夫可以相安无事，一个人嫁一个配得上自己的好人也可以过得很好。可是，若是婚姻可以不要爱情，那么爱情又是做什么的呢。当年她想不明白，如今却明白了。之所以不要没有爱情的婚姻，是因为早晚你要遇见你爱的那个人。就如同现在的自己，遇见了自己爱的人，却已经为人妇。这叫自己如何自处，又叫王赓如何自处。

所以，无爱之婚姻不可为。这是陆小曼认定的真理。

惜君在一旁看着陆小曼的一脸倦容，也很是担心。她明白，此时此刻，可以让小姐打起一点精神的人，只有徐志摩一个。陆小曼想见徐志摩，她对徐志摩的思念和牵挂毫不遮掩地写在脸上。本来，她对徐志摩的感情还是被她压制在心里的。然而此刻，丈夫的责骂和舆论的批判已经把她隔绝在了一座孤岛上，而这座孤岛上，只有她和徐志摩两个人。

"小姐，你若是难受，可以与惜君说说话。这样终日躺在床上，只怕身子要坏掉了呀。"惜君知道躺在床上的陆小曼并没有睡着。

"我不躺在床上，又能如何呢。如今这家，已经不再是家，而是一座牢笼。"陆小曼言语间坐了起来，靠在了床头上。

"可要惜君再去给徐先生送信？"惜君想了想，唯一能做的事情就是这个了。

陆小曼沉默了半晌，对惜君说："不必了，该说的话我都在第一封信里面说出来了。他自然懂。"

懂你的人，你一句话便可知你心中所想；不懂你的人，任你千言万语也不过是对牛弹琴。

这时已是深秋，院落里的杨树已然开始落叶。深秋的北京总是有很大的风。那风似乎是自北面吹来，带着扑面而来的寒冷，把院落里的落叶吹拂而起。至于那些仍然顽强地悬挂在枝头的枯叶，则发出吱吱呀呀的声音，仿佛某种不知名生物的悲鸣。

陆小曼正倚在窗边，看着淡淡云彩后面高远的天空。她已经很少穿那些从前深爱的亮色衣衫了。此时的她愈加偏爱素色的衣服。她里面着了一件米色的薄毛衫，外面披了一件黑色的外套。

那个懂陆小曼的人,终于还是来了。

"小姐,有客人要见你。"惜君走入陆宅里属于陆小曼的庭院,脸上带着喜色。

"哦,是谁?"陆小曼抬头看见惜君面上的神色时心中就冒出了那个人的名字,但是她还是要问惜君一句。等了那么久的人终于来了,陆小曼竟然有些无法相信。

"是徐先生、刘先生和胡先生。"惜君答道。徐先生自然指的是徐志摩,而刘先生和胡先生指的是刘海粟和胡适。

刘海粟和胡适都是北京文化圈里很有地位的人,由他们带着徐志摩来访,只说是要与小曼谈谈新月社诗集配画的事情,吴曼华自然不好拒绝。然而吴曼华是决计不能让女儿单独会见徐志摩的,她还是希望女儿可以在时间的流逝中慢慢遗忘徐志摩,走上她为女儿铺好的路。所以,这次会面定在陆家的厅堂里,他们见面时,吴曼华也在场。

陆小曼在得知母亲也会在一旁的时候是有些失望的。不过失望难掩欢愉,纵然无法说那些只能说给彼此听的话,但是,能够见到彼此总是好的。

陆小曼徐徐走到梳妆台前,散开松松绾就的一条水辫,转头向惜君道:"惜君,来帮我梳头发吧。"

"嗯。"惜君言语间拿起梳子,问陆小曼,"小姐是要盘发还是要披着?"

陆小曼犹豫了一下,一方面陆小曼想告诉徐志摩她所经受的痛苦好让徐志摩多来看看她,另一方面她又不想让徐志摩知道自己过得不好而过多担心。女子的心思总是细腻曲折的。终于,她张开盈盈小口说道:"还是盘发吧,可以显得精神些。胭脂也替我扫一点,最近我怕是脸色不好看的。"

陆小曼还是选择掩藏憔悴,让徐志摩看到最坚强的她。

惜君替陆小曼盘好了发,化好了妆,陆小曼便和她一同走出了庭院。

刚走出去时,陆小曼的步伐是很快的;然而快要走进大堂时,陆小曼不禁又放缓了脚步。她太久没有见到徐志摩了,这一刻竟然有些紧张。在这样的情况下,自己又该用怎样的神情去面对徐志摩,是面带微笑还是严肃不语。

未及想好一切,她便打开了大堂的门。伴随大门开启的声响,起身立在大堂里的徐志摩便跃进了陆小曼的视线里。志摩还是原来的样子,穿着深灰色中山装定定地看着陆小曼。大厅里除了徐志摩,所有人都坐在座位。只有徐志摩听闻了推门声站了起来。

他见到陆小曼,初是惊讶,再然后——在一个瞬间里,神情变为了释然。

陆小曼张开嘴,想叫徐志摩的名字。可是又忍住了,此时当着这么多人的面,她怎能如此失态。她的脸僵住,半张开的口并没有喊出徐志摩的名字。

然而徐志摩却听到了她的声音,还是那样悦耳,柔弱里带着坚定——她唤他,志摩——他听见了。

徐志摩对陆小曼微笑着点了点头。

他凝望着她,她也注视着他。两个人静静地看着彼此,不肯移开自己的目光,仿佛这是此生的最后一次会面,若是不看个够,以后便再也看不见了。他们四目相对,明明什么都没有说,却又分明什么都说了。

金风玉露一相逢,便胜却人间无数。

刹那过后,胡适也站了起来。因为他觉得大厅之内只有徐志摩一个人站着实在令所有人尴尬,他又没办法去扯徐志摩落座。无奈之下,他只得自己站了起来,仿佛在见久违的朋友时激动地起身是一种常态。旋即,他打破了在他看来实在尴尬的局面,开口道:"小曼,好久不见。"

"适之,好久不见。"陆小曼开口道,声音甚是平静。

"新月社的戏剧已经好久没有出新了。上一次还是老诗人来的时候排演的。所以我们想着再排一部欧洲的诗剧,让西方的诗剧文化更多地为国人了解。不知道小曼愿不愿意加入，做一些绘制布景的工作。"胡适一本正经地说道。

陆小曼闻言，并没有说话，只是用询问的眼神望了望坐在一旁的母亲。

吴曼华道："小曼最近身体不好。再外出只恐病情更加严重了。"

"倒也不需外出，小曼在府中作画即可。我们会事先和小曼说好主题和内容，其他由小曼自己发挥。待小曼画好了，我们再派人来取。这次诗剧全部的门票收入，都会被捐入公费学堂，资助更多的孩子接受新式教育。也算是义举了。"胡适解释道。

"能为孩子们做一些事，其实一直是我的心愿。况且，我在家其实也悠闲得很，能够做一些有意义的事情真的再好不过了。"陆小曼柔声道，随后又把目光投向吴曼华。

吴曼华看得出女儿目光里请求的意味，况且小曼能做些事情分散一下注意力也是她所想要的，她只得同意了："也好，此等义举，小曼能出一份力也是她的荣幸了。"

"谢谢母亲大人。"小曼由衷地说，露出了许久未见的笑容。

绵延了几十日的不安，就在看见你的那一刻烟消云散。

这一日，陆小曼再次坚定了自己的信念，只要沿着这条路一直走下去，她所期望的就都会得到。

冬　至

　　冬至的这一天，下了很大很大的雪。

　　那一朵朵雪花皆似鹅毛般摇摇晃晃地从空中飘落下来。从半空中句下望，京城里那居住着陆家的宅院如披上了银装一般。鳞次栉比的屋檐上铺上了一层晶光莹莹的雪，而其中一间屋的屋檐下，坐着陆小曼。

　　这时的陆小曼，心境已经慢慢平复下来。尽管外界的言论还在不知疲倦地喧闹着，她也渐渐习惯了不去理会它们。只要不去理会它们，它们便也伤不到她。陆小曼已经深谙这个道理。

　　隆冬时候的大雪陆小曼是爱极了的。它们翩然而落，却又不失那种看起来具有的厚实感。雪，明明是冷的。可是它那么圆润敦厚，总让人觉得它是暖的，甚至让陆小曼忍不住伸出指尖去接住它们。下雪的时候，往往反倒没有那种渗到骨子里的凛冽凄寒。真正的大雪带来的寒冷，往往是在雪融化的时候才显现出来。融化的雪把空气里那点仅存的温暖都吸收殆尽了。即使如此，陆小曼还是那样的爱雪。寒冷，她是不怕的，她只要目睹那雪花飘落的美景。

　　"小姐，这么冷的天，你竟开着窗子，若是着了凉，又要病了。"惜君一边说着，一边拿了斗篷给陆小曼披上。

　　斗篷帽子旁边的一圈貂毛摩擦着陆小曼的侧脸，她感受到了由衷的暖意，不由露出了笑容。她双眼仍然望着窗外，对身后的惜君说："你看这雪，多美。"

"虽说是美丽，却难以长久。落在了地上，难免沾上些泥泞。"惜君是不喜欢雪的。

陆小曼沉默了一会儿道："最后，也和那泥泞融在一起，辨不清楚谁是谁了。"

"所幸我们是人，而不是那只能随风零落的雪花。"惜君话里带着鼓励的意味。

陆小曼闻言，没有再接话。她仍然看着那窗外的雪花簌簌飘落。

她心里知道，芸芸众生就如这雪花，虽则为人，可是真正能得到自由的没有几个。

雪花支出六角，美丽得很安静。隆冬之寒也丝毫不扰他们的悠然。他们在半空中盘旋，时而飘向左边，时而又向右倾斜，最后缓缓落在已经被染成纯白的地上。

然而当窗外的大雪轻盈地落满大地，窗内的徐志摩浑然不觉，他正在新月社里属于他的那件办公室里看欧洲诗人新近的诗作。彼时，他正看到英国诗人萨松的一首题为《于我，过去、现在以及未来》的诗。那诗自然是用英文写的，他每看一句，便在心里默念一句翻译过来的中文——

In me, past, present, future meet
在我心内，过去、现在和未来
To hold long chiding conference.
商讨聚会，各执一词，纷扰不息
My lusts usurp the present tense
林林总总的欲望，掠取着我的现在

And strangle Reason in his seat.
把理性扼杀于它的宝座
My loves leap through the future's fence
我的爱情纷纷越过未来的藩篱
To dance with dream-enfranchised feet.
梦想解放出它们的双脚,舞蹈不停

In me the cave-man clasps the seer,
于我,穴居人攫取了先知,
And garlanded Apollo goes
佩戴花环的阿波罗神
Chanting to Abraham's deaf ear.
向亚伯拉罕的聋耳唱叹歌吟
In me the tiger sniffs the rose.
我心有猛虎细嗅蔷薇
Look in my heart, kind friends, and tremble,
审视我的内心吧,亲爱的朋友,你应战栗,
Since there your elements assemble.
因为那才是你本来的面目

看罢全诗,徐志摩怔了半刻钟的时间。这诗写得着实太美。"In me the tiger sniffs the rose."徐志摩一个人在空旷的居室喃喃念出这句诗,这是他心向往之的境界。

忽然之间,他想看看冬日的天空。于是他放下书卷,走向窗边,推开窗子。一眼望去,窗外一片银装素裹,已经成了童话里的布景一般。不知不觉里,竟然下了这样大的雪,徐志摩自顾自地言语了一声:"冬至下雪,倒也是名副其实。"

徐志摩也是极爱雪的。可是他推开窗，雪已经下完了。他心中不免觉得遗憾。然而转念一想，那萨松的诗，岂不是比雪更难得的美景。想到这，他不禁略感安慰。

北方的冬天，时近五点天便要黑下来。此时四点刚过，新月社里便已经没有什么事了。徐志摩站在窗前看了一会儿雪，不一会儿便觉得有些倦了。随后他关上窗，回身穿上棉袄，然后推开门走了出去。

积雪有一寸半那么厚，徐志摩的棉靴子走在上面可以听到雪花被压到一起的那种声音。徐志摩放缓了脚步，他觉得那种声音可以带给他一种莫名的安心。他每踏出一步，便能听到一串吱吱的响声，他觉得可爱极了。

徐志摩就是这样的人，即使外界流言蜚语没有因为时间而稍有减少，即使他自己和小曼还身陷困境，他还是能够因为一场在冬至如约而至的雪而心生欢喜。

忽然，他很希望陆小曼就在自己身边。她也和自己一样穿得厚厚实实的，然后自己的手牵着她的手。另一只手插在口袋里取暖。两个人肩并肩地走在这铺上了白色"地毯"的路上。然后夕阳的余晖自西边的天空洒下来，照在自己与小曼的身上，映在满地皑皑的积雪上，在寒冷中带来一丝温暖的意味。

可是可是，自己的两只手分明都插在棉袄的口袋里，这条安静的小路上分明只有自己一个人。

小曼，此时此刻的你在哪里。

待那场大雪完全融化掉，一九二四年已经倏忽而逝。新月社里，旧的日历被换下来，标写着一九二五几个大字的日历被挂了上去。新月社里，尽是忙碌的人影，他们在张贴着由几个创办人亲自书写的春联。

"就这样搬走，心中倒也有些不舍。"徐志摩在新月社的活动室里对坐在一旁的胡适说。

"离了旧的，总要不舍。可是想想新的有多么可爱，这不舍便也少了许多。"胡适在新月社即将搬走这件事上显得比胡适达观许多。

"既要搬走，又何必贴这许许多多的春联？"徐志摩看着其他人忙碌的身影道。

"我们在这里一天，就要有一天的样子。难道就因为要搬走，连过年的气氛都不要了？"胡适知道徐志摩的念旧，他舍不得离开这里。其实胡适心里又何尝没有不舍，可是徐志摩已经如此眷恋旧社他就必须要劝慰他。

"也是，不能因为这搬迁辜负了新年的喜悦。还是适之看得开，倒是显得我不够达观了。"徐志摩释然地一笑。

"你呀，就是念旧。话说此刻正是午后，天气也暖些，不如你随我去那新社看看情况。现在已经装修完毕了，就是还有些清扫布置的工作没有完成。"胡适提议道。

"那自然好！只怕屋内布置这些，还得我们亲自打点着，哪个屋挂哪幅画，都是要细心斟酌的，只怕他们做得不妥。"徐志摩至今只去新社看了一次，一直都是胡适张罗的，此刻也想再尽些力。

新社距离旧社并不远，只要十分钟车程便可到达。一下车，全新的新月社便令徐志摩眼前一亮。虽然面积算不上大，可是旧社完全是中式的风格，而新社却未进门就可以看到西式的元素。大门已经换成铁艺的了，倒是美感十足。距离自己上一次来这里看，已经有一个多月了，这时的新月社与一个月前徐志摩所看见的新月社相比，可谓是判若两社了。

看见徐志摩惊讶的神情，胡适心中很是欢喜。他要的就是这个效果，完全不一样的风格，完完全全崭新的新月社。

随后，两人便走进了社内。内里的装修也非常别致，可是徐志摩还是没有什么心思看。他终究是个怀旧的人，离开旧的迎接新的，总是少了一点快乐。

胡适看出了徐志摩的恍惚，便打趣他道："可是想小曼想得紧了？思念佳人，便也无心看美舍。"

"哪有，我只是对那旧社还是心有不舍。"徐志摩否认。

"却说王赓近日似乎要回京了，小曼的压力只怕是要更大了。"胡适关于外界的消息总是知道得比徐志摩早一些。

"哦，他回京的日期可具体知道？"徐志摩问道。

"大概便是一月中旬了。"胡适道。

"哦。"徐志摩低低地应了一声。

"小曼最近的状况还好吗？"胡适自徐志摩和陆小曼的绯闻传出后，便很少与陆小曼通信或者私下见面了，想要得到小曼的消息反而要去问徐志摩。

"心情已经平静下来了。我常常劝她不要在乎那些无聊的言论，他们又不是当事人，如何知道小曼的处境和冷暖，有什么资格评价！"徐志摩提到那些攻击陆小曼的人，不由觉得气愤。

"你都说不要在乎那些言论了，怎么又越说越气？"胡适笑着说。

"我倒不是在乎。可是那些人不知全情而妄作评价，就是对小曼的不公。不能为之负责的话，又何必说。奈何那些人的罪行，得不到丝毫惩治，只让小曼一个人受委屈。从来没有人站出来为她说一句话。"徐志摩的语气恢复平静，却还是可以从中听出他对陆小曼的心疼。

"若是人对人所做出的伤害皆有因果报偿，那世界不知道要美好多少倍。如今那些人怕也是没有恶意，只是少了教育，不知道这么做除了伤人别无意义罢了。而我们能做的，不过是尽量不去在乎舆论，是以也不必受到伤害。"胡适劝解徐志摩。

徐志摩长叹一口气，这种无力改变，只能适应的感觉让他觉得很无力。旋即他便不再谈那些舆论了，而是不禁表露心声："王赓回来了，再见小曼怕只是更难。"

"总会有机会的。"胡适说这话时满脸带着自信，仿佛他已经将一切安排好了一般。

说话间，窗外又下起了雪。

徐志摩看见了雪便起身，转头对胡适道："适之，我们出去赏雪可好？"

"良辰美景赏心乐事，如何能辜负？不如我们就徒步回旧社好了！"胡适见了这蒙蒙然的小雪，也起了兴致。

一路上，两个人从新月社开办之日的忙碌谈到老诗人泰戈尔访华，又谈到徐志摩独自在庐山翻译书卷时的生活。好似世间所有烦恼都浑然忘却，而这漫天的雪花。如同吹散的蒲公英，恣意飞扬在人间。

徐志摩的脑海里又闪过那句诗"In me the tiger sniffs the rose"。

我心有猛虎，细嗅蔷薇。

亲　吻

一九二五年的一月，胡适和徐志摩打算将新月社迁址，由石虎胡同七号迁到松树胡同七号去。

迁居自然要有个仪式，新月社这样的组织不能悄无声息地就搬迁了。这个仪式，就是胡适做东宴请宾客。

这一日，徐志摩捧过邀请名单，由上往下逐一看过。他在找那个名字，然而已经看过大半，却还是没有。他不禁有些担心，终于——他在名单的下半部分看见了那个名字。手写名单上，陆小曼三个字被写得很好看。娟秀的字迹背后似乎映着陆小曼的玉面。徐志摩不禁舒了一口气，他终于又有了见陆小曼的机会。

"在找她的名字吗？"是刘海粟的声音。

手捧名单的徐志摩"嗯"了一声，只得承认了。

"这次，胡适说只邀请我们文化圈子里的人。毕竟，这是一次小规模的聚会，他说，若是落座分了两桌便显得怪了。所以，尽量把人数控制在一桌坐得下的范畴里。"刘海粟解释道。

徐志摩听了刘海粟的话，又将名单扫视了一遍，果真只有二十个人左右。至于王赓，自然不在受邀之列。然而，他还是担心，陆小曼被严格看管在家，王赓此时又回京了，他们会放陆小曼单独出来吗。徐志摩

道:"我与小曼的绯闻还没平息,如今虽在名单之列,单独会见怕也是不好吧。"

"什么叫作'单独会见',名单上的其他人不是人吗?"胡适也走过来加入谈话,说话的时候脸上带着一丝轻松。

"毕竟,以前登门拜访都是陆家夫人在旁。如今独独邀请小曼一人,怕是不易。"徐志摩担忧地说,他心里着实担心自己见不到小曼。其实只要见到小曼,哪怕王赓就站在身边也是无妨的,只要自己能够看她一眼。

"这便不用你担心了,邀请名单上的人乃是我和适之的工作!"刘海粟在一旁道。

"况且,只要再邀请上惜君便好。那也算是有陆家的人在旁陪伴了,也好让陆夫人放心。没有什么请不来的,我这新月社喜迁新址,不来庆祝可就是小曼的不够意思了!"胡适道。

徐志摩心知胡适和刘海粟二人此举皆是为了自己能够见上小曼一面,而且能够有机会与小曼说说话,不禁流露出感激的眼神。他微微低头道:"那就有劳二位兄长了。"

"这叫什么话,就算是没有你,我们也是要请名动京城的陆小曼来的呀。哈哈。"刘海粟总是不忘开玩笑。

从徐志摩看到名单那日到一月一十九日的每一天,时针走得总是那样慢。滴答滴答——时钟每响一声,距离相见就又近了一秒。一旦闲下来,徐志摩就会坐在自己的书房里静静地听那座笨重的钟滴答作响。那细小的声音给予他希望,他马上就可以见到那个自己日日夜夜都想见到的女子。这时的徐志摩总是期望时间能够过得快一些,这样便可早些见到小曼。

可是见到小曼,自己又能对她说什么呢。充其量不过是几个小时的相聚。只有一朝风月,难得万古长空。然而纵然是一瞬的相见,也要胜过此刻苦苦的相思。

那是一座富丽堂皇的酒店,从几十米外便可以看到那酒店的大门。入口处用白色的大理石垫高三级阶梯,做成扇形的台子。台子上则是酒店的大门。大门两旁站着两个门童,为来人打开酒店的大门。大门用白漆染成,上面点缀着几点淡紫色的小花,很是淡雅。边缘是铁艺的蔷薇花,也漆成白色,透着点点精致。而徐志摩与陆小曼就是相遇在这大门外的。身穿黑色中山装的徐志摩在陆小曼刚从车上走下来的时候便瞥到了那道白色的倩影。她渐渐走近徐志摩。徐志摩渐渐可以看清她的白色纱裙,上身披了一件深紫色的外套,纤细的脚踝上则踩着一双黑色的高跟鞋。她远远便看见了徐志摩,可是却无法走近他。徐志摩动了动嘴唇,叫了一声:"小曼。"陆小曼便朝他的方向转头。她明明距离徐志摩只有几步的距离,可是她的目光却像是穿越了千万里才触及徐志摩的面庞。你就在我面前,可是我们之间却好像隔着千山万水。当徐志摩向前走了几步,想去牵陆小曼的手的时候,却发现除了空气,他什么都触摸不到。

这是徐志摩在脑海中第一十七次模拟自己遇见小曼的情形。

而徐志摩第一十七次在脑海中模拟自己遇见小曼的情形,便是他新月社搬迁喜宴的那个早上,也就是他即将与陆小曼相见那日的早上。

这日早晨,徐志摩可以说是被冷醒的。也不知是被子没有盖好,还是暖炉里的碳不够了。醒了,徐志摩便也不赖在床上。看了看钟,才刚刚五点半,天都没有完全亮起来。

他走到书案旁,先是点燃了一盏灯。然后披着外套在书架前踌躇好久。他本来是打算看《资治通鉴》的,那书他看了几多次也不腻,可是手刚刚一触及那书的书脊,他便缩回了手,忽然觉得毫无兴味。又去拿了莎士比亚的诗集读,可是坐在椅子上翻了几页竟也看不下去了。往常徐志摩看书总是沉溺其中,而今他竟然翻了几页就看不下去了。他用双拳托着额头,闭目冥想了一刻,然后还是抽开了书案的抽屉。右手边第二个抽屉里，放着薄薄一叠信封。每一个信封上都写着娟秀的五个字——徐志摩亲启。

徐志摩把那些信放在书案上，一封一封打开来读。从最初的只有一两行字的邀请，到连绵几页的字句，从花园里盛开的鲜花，到午夜时彻夜难眠拂面而过的风。一封又一封，仿佛是他与陆小曼一步步走到今日的脚印。

然而，这些信里，却看不到陆小曼与徐志摩的关系由朋友变为恋人的痕迹。

徐志摩与陆小曼，仿佛是渐渐相知，却是在一个瞬间相恋的。然而是在哪一个瞬间，徐志摩却怎么也说不出来。

当，当，当，当——当，时钟不疾不徐地响了五下。晚上五点，天已经渐渐暗了下来。然而日头还没有完全落下，那种傍晚天空独有的绯红还带着眷恋，舍不得离开最西方的天空。

房间内的徐志摩已经点起了灯。他站在镜子前，认真地审视自己刚刚换好的黑色中山装。是的，黑色中山装，同他那脑海里的十七次模拟一样的中山装。一身黑色，在徐志摩看来显得有些沉闷了。于是他为自己换上了一副银框的眼镜。再站在镜子前，便觉得看起来舒服多了。

换好了衣服，他便出门驱车到约定好的饭店去。

不多时便抵达了，然而那饭店的大门，却与他想象中完全不同。那是一座完全中式的酒楼，大门还是木制的，带着木制的棂格。不带丝毫的富丽堂皇，不过是一座寻常的酒楼。说不准还会教人怀疑胡适做东订这样的地方是为了省钱。徐志摩想到这里，不由一笑，走进饭店里去。

宴会是晚上七点开始，徐志摩是六点半到的饭店楼下，然而当徐志摩跨进胡适订好的包间里的时候，陆小曼已经安安稳稳地坐在了酒席之上。徐志摩初一进门，见了她，便是一怔。这时酒席上还只有胡适、刘海粟和郁达夫几个自己人，陆小曼便大大方方地起身向徐志摩问好："志摩，好久不见你了。"

徐志摩望着陆小曼的脸，虽然施了粉黛胭脂，却还是可以看得出她原本的憔悴来。陆小曼果然穿了白色的衣衫，只不过不是裙装，却是白色的亚麻衬衫。下面配了一条深灰色的裤子。陆小曼的衣着果然与以前大为不同，她从来只穿明亮的颜色，而如今竟换了这低调的风格。徐志摩就那样定定地看着消得人憔悴的陆小曼，久久吐不出一个字，只得对着她的问好点了点头，然后顺势坐在了胡适身旁。

到了六点四十五分，名单上的人几乎来齐了，大家便兴致高昂地商量起新月社新一年的发展方向。而身为"领头羊"之一的徐志摩却很少说话，只是在每一次大家碰杯的时候，他酒杯里的酒总是被他饮得一滴不剩。

而坐在徐志摩对面的陆小曼，显然也饮了许多酒。她苍白的脸上已经泛起了些许潮红。

"志摩，不妨也说说你对新月社的想法！"郁达夫见徐志摩只饮酒不说话，便想拉他加入讨论。

徐志摩也不推辞，从容道："上一年新月社刚刚成立，就会集了如此之多的有识之士，实在超出最初我们的意料。对于接下来的一年，首先我是希望大家的热情都不要减少。我知道，对于整个文化或者说革新，我们的力量都显得很渺小。可是，我们也不能因此有丝毫的松懈。思想的解放总是一个相对漫长的过程，我们绝不能因为短时间里看不到直观的效果就轻言放弃。"

一字一句，说的都是心里话。席上之人，无不点头称是。之前的人，无一不是畅谈新月社的宏伟发展，戏剧诗歌都是为了新月社能够名扬四海，可是却忽视了他们建立新月社的初衷。而徐志摩，这短短一番话，提醒了所有人，更是将新月社能做的事情提升到革新上去。

然而正当徐志摩说完这句话，众人正在点头称是之时，陆小曼忽然

伸出手捂住口。似要呕吐一般。饭店里的女侍赶忙拿了痰盂过来。然而陆小曼哪愿意当着大家的面呕吐,她起身跑了出去。

"只怕小曼是太长时间未饮酒,如今饮得有些突然,受不了了吧。"开口的人是刘海粟。

徐志摩在旁一言不发,心中默默担心着陆小曼。

不到一刻钟,陆小曼便回来了。这时屋内众人关于新月社的事情也谈得差不多了,又都看得出陆小曼身体不舒服。于是胡适体贴地道:"今日时辰晚了,大家也都酒足饭饱,不如就此散场。我这变迁之宴有两轮,我们两日后再畅谈如何!"

众人自然纷纷言好。

自不用说,是徐志摩送陆小曼回去。因了那人言可畏,徐志摩特意将车开到后门来接陆小曼上车,以避开前门散席离去的宾客。

从饭店到陆小曼家的路,只需要十分钟。

徐志摩兜了一圈才停到陆府边上,也只是用了二十分钟。这二十分钟里,徐志摩和陆小曼说了许许多多的话,甚至已经语无伦次。他不知道是因为自己喝了太多的酒还是因为这短短的路程让自己心慌,他说的尽是些没有逻辑的话。

"我想你",这短短二十分钟里,徐志摩不知是说了多少遍这样的话。

而陆小曼,则是倾吐着自己心里的苦楚:"志摩,你知道,我自小便是个要强的人。自打两年之前,我便没有尝过真正的欢愉是什么滋味。你知道,那信的事情,更是教我受尽了苦楚。然而我生活的境况,却是没有人可说。连自己的母亲都没有办法倾吐。连与惜君说那么一两句,也是不能畅快地说。"

"小曼,是我不好。让你受了委屈。那信的事情,我本来是可以找王赓,甚至是去找蒋百里解释的。可是我竟犹豫了,我一犹豫,便让那消息传了出去。你才受了这样多的非议……"

陆小曼打断了徐志摩:"怎么能够怪你。分明是那些嚼舌根子的人不知好歹不明是非。那些话,我倒也是渐渐不在乎了的。苦只苦在我周围竟然没有一个可以理解我的人。这些话,若是我今日不与你独处,怕又是要一个人忍着。"

"小曼……"

徐志摩边说话边开着车,二十分钟倏忽而过。徐志摩和陆小曼都有许许多多的话没有说完。然而,在车稳稳地停在陆府边上的那一刻,两个人都归于沉默了。

车里静得可怕,陆小曼没有下车,徐志摩也不知道开口留她妥不妥当。徐志摩转过脸去,他望见陆小曼的时候,发现陆小曼也正看着徐志摩。这样对视的感觉,有那么一点点似曾相识。

也不知过了多久,陆小曼轻轻道了一声:"志摩,我下车了。"而后便打开了车门走了下去。

徐志摩亦下了车,轻轻唤了她一声:"小曼。"

陆小曼回过头来。路灯是那样暗淡,徐志摩却能清楚看见陆小曼眼里的眷恋。

他们两个人就这样又陷入了沉默。然而站在陆家门口含情脉脉实在是不妥。徐志摩走过去,牵着陆小曼走到了一处不那么引人注意的墙角里。

徐志摩一句话都不说,只是眼波温柔地看着陆小曼泛着绯红的面庞。陆小曼亦是无言,只是扬着头回望徐志摩。

终于,在这片沉默里,徐志摩捧过陆小曼的脸,轻轻地吻了下去。陆小曼亦转身抱住徐志摩。那一刻,他们终于挣脱了所有的桎梏。徐志摩的唇轻轻启开陆小曼的唇,他们纵情地缠绕在了一起。

一个亦浅亦深的吻,胜过这世上所有表白的话语。

有的时候，表白是带着自私的行为。你若爱他，只在心中爱便好。你说出来，无非是想要换对方一句"我也爱你"。一句"我爱你"并非要告诉你我爱你，而是要换一句"我也爱你"的承诺，把对方和自己牢牢捆在一起。所以，我爱你应当是情到深处的轻声耳语，绝不该是开始爱情的起点。

而真正的爱情，从来不需要言语上的表白。一个情急之时唤出的名字，一个望你时柔情似水的眼神，一个深夜里自然而然的亲吻，都足以让你知道，我爱你。我对你的爱，就如那润物无声的春雨，用无限温柔的对待，让你知道。

大象希形，真爱无声。

这个夜晚的月光流白，穿越千万里的距离，直直地照着京城里的这对恋人。

在这片安静的月光里，一切都是那么自然而然。

第四卷
相思相见知何日

第四卷

邀 请

  冬日的凄寒已经完全褪去。再也没有冰冷的空气刺激着人们的鼻腔。取而代之的，是扑面而来的风，虽然算不上温暖，但亦可说是柔和。往年此时，北京的风总是很大的，有时还带着沙。而一九二五年冬去春来时分，北京城的风却无比温驯，甚至让人有些眷恋走在微风之中的感觉。

  无数深深浅浅的院落里，曾经的积雪融化作春露，缓缓渗透到土壤之中，滋润着院落里树木那深藏着的根部。而土壤之上，树木干枯的枝干上萌生出带着点点绿色的新芽。光秃秃的地上，也萌生出细细的青草。刚刚一场春雨过后，连空气里都带着点青草的芳香，即使青草还没有生长出来。

  在阳光的照射下，一切带着新生希望的绿色，都亮得发光。

  而徐志摩的书房里，却没有一点点光亮。正是清晨，他还没有拉开窗帘，又关掉了书案上的灯。他挺直了腰板坐在座位上，双目轻轻地闭着。他的右手上，拇指和食指捏着一封用英文写成的信。

  那是老诗人泰戈尔的助手恩厚之写给他的，邀请徐志摩去欧洲。泰戈尔在访华期间，徐志摩对他体贴周到的照顾让泰戈尔把徐志摩当作挚友。临走之前，泰戈尔曾和徐志摩定下约定，在第二年春暖花开的时节同游欧洲。

初接到这信时，徐志摩是欣喜的，因为他心里对泰戈尔一直充满了敬佩和欣赏。此刻能与他同游欧洲，是多么令人愉快的事情啊。可是徐志摩心里是犹豫的，因为一旦决定了要走，就不可能一时半会儿回来。那么，就有几个月的时间见不到陆小曼。哎，他的小曼，就又要坠入那一个人面对困境的苦海里去。

然而，若是留在北京，情况怕也是好不到哪里去。整日困在这书房和新月社两点一线之间，他已经许多时日没有写出令自己满意的诗了。他有一颗想要飞往欧洲的心。欧洲，对徐志摩来说，意味着更广阔的天地。在那里，没有了舆论的枷锁，身边的一切人一切事都是为着学术的。自己已经蹉跎多年，事业却依然不见起色，说不定赴欧一行能给自己更多的灵感，从而写出令自己满意的诗作。也让这些人看到他徐志摩的才华。

劳累和沉重已经裹挟了徐志摩太久，他就如同一只囚鸟，被困在笼子里太久。囚笼之内，日日伤怀，早已忘记了飞翔的感觉。然而这一天，泰戈尔的来信像是一把钥匙，打开了这鸟笼的门。于是，这笼中的鸟又看到了飞翔的希望，他想起了曾经飞翔在天空上自由自在的感觉。不可否认，他心动了。然而，这囚笼的隔壁，是另一个囚笼，那个囚笼里，住着他心爱的人。他没有办法带着她一起飞。所以，心动了的他，站在"鸟笼"里，停下了脚步。

然而，不论如何，此时写信告诉陆小曼一声老诗人来信的事情，与她商量一番才是徐志摩应当做的事情。既然已经决定了在一起，又怎么能够不问陆小曼的意见，自己做决定呢。

穿着薄毛衫披着棉袄的徐志摩抬起右手，按亮了书案上的灯。然后从右手边的一叠书本里拿出一沓信纸，又拾起笔，给陆小曼写了一封信。那信是极为简短的，没有徐志摩内心的挣扎和犹豫，只有对客观事实的描述——老诗人泰戈尔给他写了信，邀他去欧洲，若是去了，怕是要几

个月才可以归来。徐志摩不想给陆小曼任何心理倾向上的引导,只想让陆小曼自己权衡利弊,然后与她商量自己去或者是不去。

徐志摩写好了信,尚没有来得及用早饭,便去了刘海粟府上。

"志摩,这么早登门是有何事呀?"刘海粟正在餐桌旁用着早餐。

"是想劳烦你帮我给小曼送一封信。"徐志摩带着一脸倦容,郑重地说。

"志摩,你先坐。也来尝尝这皮蛋瘦肉粥,好喝得很。"刘海粟说话间招呼佣人又为徐志摩拿上了一副碗筷,而后又转头对徐志摩道,"可是有什么急事?看你的脸色不好呀。我们用了这早饭,我便给你送信去,莫要急!"

"海翁,你总是喜欢取笑我!这次,老诗人给我来了信,邀请我到欧洲去。"徐志摩也着实有些饿了,拿了汤匙道。

"你这是写信问小曼的建议?"刘海粟问。

"正是。这事情,怎么能不跟小曼商量。"徐志摩回答。

"这是应当的。话说,你觉得这粥味道如何?"刘海粟话锋一转,转到早餐的味道上来。

"比我家厨子煮的粥好喝。但是,也可能是我此刻饿了。这一早,我还点滴未进。"徐志摩认真地回答道。

"我正是看出你饿了,才邀你共进早餐啊。神色这么匆忙,一定是没有吃饭。要我说,这些事都是不必急的。车到山前自有路。有情人终成眷属。"刘海粟带着笑说。

徐志摩沉吟了半晌道:"我若是如海翁一般潇洒豁达就好了。"

"我哪里是潇洒豁达。只不过此时我是个局外人,才显得潇洒豁达罢了。"刘海粟回答。

徐志摩用了早饭,便与刘海粟一同出了门。徐志摩回了家,而刘海粟则是去陆家为徐志摩送了信。

而刘海粟到陆家时,陆小曼正在和吴曼华说话。

"母亲,我自小到大从来没有求过您任何一件事,可是此刻我求你不要再强迫我。当年嫁给王赓,着实是我不懂得情爱,亦不懂得婚姻。可是此时此刻我既然懂了,就断断不要再回到那样的日子里去了。"陆小曼语意里满是恳求,可是语气却很是冷静。她要她母亲明白,她的一切决定都是经过深思熟虑的。

"你想与徐志摩在一起,那是不可能的。你求我也是无用的。他先先后后经历了几个人,你怎知你所谓的爱情就能够长久?而王赓,谁都能够看得出他是真心实意待你的。我知道,王赓没有徐志摩那么浪漫,可是浪漫就像是烟花,你看过了那一瞬间的美好之后,就只有满地余烬。而王赓呢,他虽没有烟花那般耀眼的美丽,但是他就像是暖炉,能时时刻刻给你温暖。"吴曼华的态度也很平静。

"嫁给他的人是我不是你,你怎么知道我是温暖的?"陆小曼见母亲仍然不理解自己,已经有些急了。

"夫人,小姐,刘海粟来拜访小姐了。"大门是开着的,惜君叩了叩开着的门对屋内的吴曼华和陆小曼说。

"让他稍候片刻进来便好。"说话的人是陆小曼。本来陆小曼见客是要经过吴曼华的同意,而此刻陆小曼已经自己决定了要见刘海粟。并且让他稍候片刻进来,分明是暗示不要再与母亲继续这场谈话了。不能不承认,陆小曼对于母亲的不理解有些生气了。

吴曼华自然看得懂女儿的心理变化,其实她心里也是万般无奈的。她知道女儿要想与徐志摩在一起有多难,那障碍不仅仅是王赓,还有陆小曼的父亲和徐申如,还有整个社会的目光。然而这些若是说与女儿听,怕是也难以改变她的心意,况且此刻的陆小曼分明是什么也听不进去的。吴曼华只得走出了陆小曼的院落,让她与刘海粟会面。

一刻钟后,刘海粟便走进了陆小曼院落里的大厅。

"小曼,这身薄荷绿色裙子漂亮极了!"身为画家的刘海粟总是对配色格外注意,刚一见面未及问好便称赞陆小曼的着装。

"过奖了。好久不见了,海翁的气色还是那么好。"陆小曼与刘海粟也是略有相交的,毕竟,两个人对作画都有浓厚的兴趣。彼此之间,也很欣赏对方在绘画上的造诣。

"今日竟这样难得,这会客的大厅里只有你我二人,早知如此,我便直接带上志摩来了。"刘海粟故意做出遗憾的表情说。

然而陆小曼似乎并没有听出他话里的玩笑意味,说道:"你若是带着志摩来,这屋里便绝不仅仅有我们三个人了。况且王赓此时也在北京,这些事,教他知道了总归是不好。"

"你这里的状况,可较之前有些改善了?"刘海粟问道。

"还是老样子吧。我已与母亲明言了。和王赓倒是没有说。但是,想必他很快也是要知道的了。"周围没有人,陆小曼倒也愿意说说自己这里的情况。

"你是打算与王赓离婚?"刘海粟问得很直接。

陆小曼沉默了几秒钟,然后说出干净利落的一个字:"是。"

刘海粟本想着,若是小曼心里还是迟疑不决,那么他就要劝劝陆小曼。却没有想到陆小曼比他想的果决勇敢得许多。不禁流露出了敬佩的眼神。刘海粟把怀中的信封取出,交给陆小曼,用带着鼓励的语气说:"你既已决定,那么坚持到底,总会走到路的尽头。即使,这路可能有些艰险有些漫长。可是,终归是能够走到终点的。"

"谢谢海翁。我一定会坚持的。"陆小曼接过信,由衷地笑了。

又与刘海粟谈了谈近期画会的事情。因为陆小曼无法出门,许多画会都是参加不了的。然而她终究是爱画的人,对画会十分关心。刘海粟也是知无不言言无不尽,把近期他主办的或者是参加的画会上的趣闻讲给陆小曼听。陆小曼听了,频频莞尔。

然而，当送走了刘海粟自己坐在床边打开了徐志摩的信之后，陆小曼的笑容却僵在了脸上。

她的志摩，竟然要远走欧洲了——就在她马上要向丈夫摊牌的时刻。

徐志摩问她的意见。其中的利弊她是懂得的：泰戈尔叫他赴欧，这对徐志摩的事业绝对是有助力的，毕竟泰戈尔在文学界的地位尤其是在诗人当中，可以说是数一数二的了。他可以给徐志摩提供许多帮助。而去欧洲，也可以让徐志摩远离这些自己正在遭受的痛苦。而其中的弊处，不过就是自己苦一点，再也不能只要倚着刘海粟和胡适的帮忙就能同徐志摩通信甚至见面了。徐志摩去欧洲，实在是利大于弊的良策。

而陆小曼对徐志摩，是百分之一百的深爱，纵然自己心里再不舍，纵然自己对孤独是那样惧怕，她也是万万不会挡住徐志摩的前途的。

于是她给徐志摩写回信，鼓励徐志摩去。可是，甫一落笔，她便把那信拿起来撕了，扔进了书桌旁的纸篓里。

她怎么能够就这样放她的志摩走。

这一日，她写了许多封信，可是哪一封也没有寄出去。都是写了便撕掉，撕掉了又再重新写。终于，她忍不住了，伏在书桌上哭了起来。她很放肆地哭出了声音。她已经独自熬了那么久，可是徐志摩此刻竟然还是要让她一个人去面对这一切。他怎么能够这样对她。

可是可是，就算徐志摩留下来，对于她又有什么帮助呢。只怕丈夫和母亲更是难松口吧。

直到第二日晚上，徐志摩都没有收到陆小曼的回信。他知道，若是陆小曼回了信，那么惜君是一定会顺利送到胡适家的，那么只要不是晚到半夜，胡适都是会派人给他送来的。直到此时都没有收到回信，可能只有一个，就是陆小曼并没有回复他。

陆小曼不回复他的理由,也是显而易见的——陆小曼没有想好怎样回复他。

其实第二日白天郁达夫来找过徐志摩,告诉了徐志摩陆小曼似乎与王赓摊牌了。堂堂王将军怎么能受得住妻子提出离开自己的请求,扬言绝不放过徐志摩。徐志摩得知了这消息是很震惊的,不论怎么说,自己与王赓同是梁启超的弟子,光是看在这一层关系的份上,他就不应当会说这样的话。然而自古以来,杀父之仇、夺妻之恨向来不共戴天,如今也确实是徐志摩对他不起。

此刻,除了舍不下陆小曼的犹豫和迟疑,还有对自身性命的隐忧。

徐志摩坐不住了,他又坐在书案前给陆小曼写了第二封信。然而要写些什么,徐志摩却踌躇了许久。徐志摩其实清楚自己的心意,他想去。然而他又有那么点怯懦,不敢承认。所以,他想让陆小曼来做这个选择。好像这样他就丝毫没有辜负陆小曼,反而是与陆小曼共同商议好的权宜之计。

徐志摩终于落笔了,他没有提到王赓一个字,反而是写了许多自己对欧洲那边的向往,以及自己对事业良久没有发展的焦虑。而后,又写了许多对陆小曼的鼓励之言。似乎要告诉她,即使一个人也是并不可怕的,即使徐志摩是在远洋之外,他们的心亦是连着的。小曼永远不可能是自己一个人的。

徐志摩又怎么会不明白,他这第二封信是对陆小曼的催促。这对陆小曼来说,是很残忍的。可是他也知道,僵持对他们二人毫无益处。

他告诉自己,离开是最好的选择。

可是可是,明明选择的是最好的选择,为什么此刻的心中却有如刀绞。眼内的风景在一瞬间模糊了。徐志摩感觉得到,自己的泪正顺着脸颊缓缓流下。

流着泪,他握起钢笔来,在面前的信纸上写出一首诗来。这是他可忆起一月里他与陆小曼吻别写下的。诗的名字叫作《春的投生》——

昨晚上，
再前一晚也是的，
在雷雨的猖狂中
春
　　投生入残冬的尸体。

不觉得脚下的松软，
耳鬓间的温驯吗？
树枝上浮着青，
潭里的水漾成无限的缠绵；
再有你我肢体上
胸膛间的异样的跳动；

桃花早已开上你的脸，
我在更敏感的消受
你的媚，吞咽
你的连珠的笑；
你不觉得我的手臂
更迫切的要求你的腰身，
我的呼吸投射到你的身上
如同万千的飞莹投向光焰？

这些，还有别的许多说不尽的，
和着鸟雀们的热情的回荡
都在手携手的赞美着
春的投生！

这徐志摩给陆小曼的第二封信,陆小曼也是当天便收到了的。

看着这封信,冰雪聪明的陆小曼已经明白了徐志摩的心意。她心中稍稍有些失落。然而,现在让徐志摩离开,也许真的是最好的选择。既有助于他事业的发展,也有益于事态的发展。她明白,有些路,终究要一个人走。

她忽然间很想哭。还来不及去忍住不哭,那两行清泪便顺着双颊流了下来。她的志摩终究是要走的。千般不舍,又有何用。

陆小曼终究是陆小曼,她不会让自己的软弱蔓延。她很快为自己擦干了眼泪,坐在书桌前给徐志摩写回信。她告诉徐志摩,让他勇敢地去发展自己的事业吧,她这边的事情终究是要她自己来处理的。她本想写几句嗔怪的言语,怨徐志摩竟然就这样丢下她一个人。可是她写不出来,连隐晦的埋怨都写不出。她懂得,此刻的徐志摩心里也是绝对不好受的。她又怎么舍得教她的志摩又更难受一分。她只能忍住心里所有的痛,去鼓励徐志摩。

此时此刻,若果不能够相互取暖难道要相互羁绊?

写好了信,陆小曼自己读了一遍。然后赶忙叫来惜君,让她把信送到胡适那里去。她生怕片刻的迟疑再让自己改变了心意。

惜君接过了信,便明白了陆小曼的决定,意味深长地看了陆小曼一眼,轻轻道了一声:"小姐。"

"我叫你送到胡适那里去,你送去便好。还有什么话要说。"陆小曼道。

惜君不再言语,拿着信转身走了出去。

陆小曼在身后望着惜君的背影,面无表情。

赴 欧

正是傍晚,徐志摩没有拉窗帘。他在书案旁闭目养神,心里想着为何陆小曼还不肯回信与他。难道是陆小曼对自己失望了吗。

胡适匆忙的脚步声传入徐志摩的耳郭里,徐志摩登时站了起来,踱步到门口。

来人果然是胡适,他已经远远看见了站在门口的徐志摩,便打招呼道:"志摩!"

"适之,果然是你。"徐志摩道。

"就知道你等得急了,我接了信,便亲自给你送来。也想顺便与你聊聊。"胡适说话间已经走进了徐志摩的书房。

"有劳适之了。你且让我先看看小曼的回信。"徐志摩语气里带着掩不住的焦急。

胡适将手里的信封递给了徐志摩,徐志摩便拆开了看。信只有一页,满满地写着对徐志摩的鼓励,告诉徐志摩去欧洲是正确的选择。信里丝毫没有写陆小曼对独自一人的恐惧。徐志摩看着信纸上工整的鸳鸯小字,心中满满是对陆小曼的心疼。若不是胡适在侧,恐怕马上就要流下眼泪。

信上是这样的字句:"志摩,我虽然非常希望你在我的身边,你不在的话我说不定会疯的。但是，你还是走吧！我不应该妨碍你的前途，你这次出去游历，和大诗人泰戈尔的会面，肯定会对你的才艺有极大的促进作用，再说，这样的环境，你也知道，我们也可以试试，我们彼此分开，是不是还想对方，或者把对方忘了。"

"小曼怎么说？"胡适见徐志摩的视线停留在信纸下方，知道徐志摩是已经将信看完了。

"小曼说，让我去欧洲。不仅能发展事业，也能让她在这边处理好这边的事情。"徐志摩用尽量平静的语气说。

"小曼，终归是可敬的勇敢的小曼啊！她这般善解人意，真是难得。志摩，你可莫要负了她啊！"胡适道。

"适之，我又怎么会负了小曼？若是不能和小曼在一起，只怕余生都没有了意义。"徐志摩的眼眶已是红了。

胡适见徐志摩心里很是难受，也知道自己劝解无用，伸手用力抚了抚徐志摩的肩膀以示鼓励，便离开了徐志摩家。

徐志摩本来以为，他的眼泪是因为胡适的在场而强忍了回去。而此时胡适离去，他本想痛痛快快地哭一场，可是这一刻，他却怎么也哭不出来。

其实，对于小曼和他自己的未来，他心里除了信念几乎一无所有。没有对成功的把握，他只知道坚持。也没有对未来的规划，他只知道走一步算一步。然而就在陆小曼回信让他远走欧洲的时候，他忽然看清楚了前路的漫长。那条路是那样那样长，长到让徐志摩看不清路的尽头在哪里。那路是极为逼仄的，路的两旁还布满了荆棘。然而往回退几步便是一个岔路口，那个岔口处还有另一条路。那条路是宽阔得多的。路上既不泥泞也不艰险。有几次，徐志摩也想要退回那个岔路口去走那一条路。可是每当想到那条路的尽头没有陆小曼，而陆小曼正在那条布满荆棘的路上一个人受苦，徐志摩后退的脚步便无论如何也迈不出。

为了自由与爱，经受再多苦痛又能如何。

这一夜，徐志摩睡得特别沉。

徐志摩醒来时，已是第二日的中午了。他终于理清了思绪，开始为着自己和陆小曼的未来谋划。当下困扰他的一共有两件事，一件是自己去欧洲的路费问题，另一件则是他去了欧洲后如何与陆小曼联系的问题。

此刻的徐志摩已经与徐申如断了经济上的联系，自己只靠着一些讲演和稿费维持生计，若要拿出一笔去欧洲的费用，实在不易。为此，徐志摩动身去了上海，想从师长梁启超那里获取些帮助。

徐志摩动身前是给梁启超写了信的，期望同他借一些讲学社的存款。而徐志摩到了上海方收到梁启超的回信，回信上说讲学社除了所存公债之外，现款一文无存，但是梁启超本人拟向兴业银行贷一千银圆借给徐志摩作为路费。

梁启超的恩惠，徐志摩是很感念的。虽然梁启超对于徐志摩和陆小曼的事情从来都不是支持的态度，却还是在回信中写"若决冒险，则兄之一千必践议耳"。短短十三个字，令徐志摩动容不已。

徐志摩赴欧，总共要三千银圆便可动身，有了梁启超这一千银圆，就只余下两千银圆了。他再次想到的，是给报社写通讯的费用。他又联系了《晨报副刊》的编辑，直说是自己急着用钱，可否预支一笔稿费。经过一番交涉后，终于得到了应允。相似地，还有现代评论社的预支稿费，条件是给现代评论社写通讯。

一来二去，三千银圆的路费总算是凑齐了。徐志摩是一分也没有向家里要，全靠自己筹措。

路费凑齐，徐志摩便返回了北京。

一个问题解决了，还有另外一个问题，那就是去了欧洲要如何与陆小曼联系。若说通信，自陆小曼与吴曼华摊牌了之后她对陆小曼就看管得愈加紧了。可是一封两封倒也是可以叫惜君带出来，托他们的好友寄

给徐志摩。可是这北京到欧洲，总归是远隔重洋，一封信漂洋过海到了对方手中，怕是要经历差不多一个月甚至是一个多月的时间。这时间跨度，怎么说都是有些长了。

两情若是久长时，又岂在朝朝暮暮。

徐志摩落笔给陆小曼写了封信，信里与陆小曼做了一个十分有意思的约定："有一件事你能否做到，如能做到倒是件有益而且有趣的事，我想要你写信给我，不是平常的写法，我要你当作日记来写，不仅记你的起居等等，并且记录你的思想情感——能寄给我当然更好，就是不寄也好，留着等我回来时一并看，先生再批分数，你如其能做到这点意思，那我就高兴而且放心了。"

陆小曼见了徐志摩的信，满口应允，然而这时候的陆小曼终于在回信里透露了她对徐志摩的不舍。徐志摩的启程日期已经定了，她再不怕自己的不够坚强会影响徐志摩的决断了。

"一场寂寞凭谁诉。算前言，总轻负。早知怎地难拼，悔不当时留住。其奈风流端正外，更别有，系人心处。一日不思量，也攒眉千度。"心中千言万语，最终只化作了这半阕词，印在了信纸上。

徐志摩启程的日期定在了三月十一日，而新月社的朋友拟定在三月十日为他设宴饯行。

三月十日，已经是阳春三月了。从南方吹来的风似乎带着点温热，起得很早的徐志摩站在窗前，推开窗户，带着暖意的阳光便洒进了他的房间。徐志摩身着一身白色长衫望向窗外，窗前空地上已经长出了青草的萌芽。可是它们仍然只是细小的嫩芽，而它们长成郁郁青草的时候，徐志摩怕是无法站在这窗前欣赏它们了。想到这里，徐志摩不禁有点忧伤。也罢也罢，那康河边的绿草不是更加柔美可人吗？

虽然康河的绿草比这自家宅院里的绿草更加柔美可人，可是远方的快乐和眼前的不舍，总是眼前的不舍更能侵占徐志摩的心。马上就要与自己的爱人远隔重洋，徐志摩的心里是很难过的。

这一天，梁实秋、胡适、郁达夫都到了场。同样到场的还有王赓和陆小曼。

徐志摩是先看见了陆小曼的，他刚刚要唤出一声"小曼"的时候，就瞥到了站在她身旁的王赓。于是急急闭上了嘴。然而，虽然闹出了这么多不愉快，可是在这样正式的场合，王赓毕竟是以他同门师兄弟的身份来送他，徐志摩平复了一下心境开口道："受庆，你还愿意来送我。"

王赓显然也不知道如何回应，毕竟，他和徐志摩两个人之间是十分尴尬的，他微微怔了一下道："事情一码归一码，如今你远行，送还是要来送的。"

徐志摩以前对于王赓，心里是十分坦荡的，他心里认为有爱就要去追求，不去追求反而是不对的。可他此刻倒是感念王赓的胸襟，心中生出了一丝愧疚，然而这感怀也是不应当说出口的，他便回应道："受庆来送，实在是我的荣幸。"

两人说了这几句话便再没有什么话可说。幸好这时胡适打破了沉默："明日新月社的创始人之一，我们亲爱的志摩就要远走欧洲，让我们干杯，祝他一路顺风。"

所有的人都举起了杯子，举杯的瞬间，徐志摩终于忍不住瞥了一眼坐在他左边只隔着几个人的陆小曼。也不知是饮了多少酒，陆小曼的双颊已经泛起绯红。这面上的绯红让陆小曼身上衣冠胜雪的冷清减少了几分，倒是带着一种别样的妩媚。徐志摩的目光，陆小曼是觉察到了的。可是她偏偏不转过脸去看徐志摩。

徐志摩这日，又穿了那身黑色的中山装——那身他一月一十九日穿过的黑色中山装，那身他穿着亲吻过陆小曼的中山装。

徐志摩正凝视着陆小曼，只见陆小曼又举起了酒杯，对着满座宾客道："自古以来饯行，只怕要干三杯才能够显出诚意，这第二杯，就让小曼来敬大家吧！"

座上之人，见小曼这般言语，心知她是苦在心里却无法名言，便也纷纷举起酒杯，陪着陆小曼干杯。

第二杯喝完，陆小曼又为自己斟满一杯，抬头道："说好了是三杯，还差一杯！"

大家也纷纷斟满酒，随着陆小曼又饮下一杯。

此时满座的人都能看出小曼的痛心，甚至连王赓都有些心疼妻子了。可是，妻子当着如此多的人，一杯一杯带着为徐志摩敬酒，王赓到底心里不是滋味。而陆小曼在已经干了三杯显了诚意后，还是没有停下来。她把自己面前的杯子斟满，再一饮而尽，再斟满，再喝下。她喝得越来越快，仿佛这满座之上，除了她和面前的酒杯，再无他物。

王赓终于忍不住说："小曼，你少喝些。"

陆小曼仿佛没有听见一般，仍然继续饮着杯中酒。

胡适见状，让女侍拿走了陆小曼手边的酒壶，对小曼说："小曼，你已经醉了。再喝怕是要伤身的。"

陆小曼见酒壶已经不在，才回过神来，她几乎是带着哭腔嚷道："我不是醉，只是难受，只是心里苦。"

陆小曼强装的坚强和乐观终于在这一刻塌陷，所有的委屈和不舍都涌上心头。那足够纠缠一世的眷恋，亦随着那一杯又一杯的酒一起灌醉了陆小曼。她不要再做知书达理、处事需要如履薄冰的那个陆小曼，她只想做个能够全心爱着自己情郎的小女人，她此刻再也不要压抑自己的感情。

陆小曼嚷着的每一个字，都像钝重的刀片一般，重重地在徐志摩心头来来回回地撕刮着。徐志摩定定地坐在座位上，一言不发。他是多么想冲过去抱住陆小曼告诉她他可以留下来陪着他。可是，他总归是没有勇气。别说是冲过去，就连看陆小曼一眼都没有勇气。

而陆小曼也绝不向徐志摩这边看一眼，只是兀自喃喃道："我没有醉啊，若是醉了，岂不是要把这凡尘之事都忘却吗。可是我此时清醒得很啊。"

王赓终于坐不住了,他终于开口:"小曼怕是已经醉了,我们夫妻二人先失陪了。"

说罢,便带着陆小曼离开了饭店。就在王赓牵着陆小曼离开的时候,陆小曼还在不停地嚷着:"别拉我,我没有醉。"

胡适见徐志摩的脸色也十分不好,心知他也是无心继续这饯行之宴的了。便也叫大家散席。

这一夜,徐志摩是无论如何睡不着的了。已是春日,这夜却凉如水。徐志摩起身,打开了他书案上那散发着鹅黄色光芒的灯,他的脑海中不断回荡着陆小曼的那句"我只是心里苦"。他有无数的话想要对陆小曼说,却又偏偏说不了,只得写在信里——

龙龙:

我的肝肠寸寸地断了,今晚再不好好地给你一封信,再不把我的心给你看,我就不配爱你,就不配受你的爱。我的小龙呀,这实在是太难受了,我现在不愿别的,只愿我伴着你一同吃苦——你方才心头一阵阵地作痛,我在旁边只是咬紧牙关闭着眼替你熬着。龙呀,让你血液里的讨命鬼来找着我吧,叫我眼看你这样生生地受罪,我什么意念都变了灰了!你吃现鲜鲜的苦是真的,叫我怨谁去?

离别当然是你今晚纵酒的大原因,我先前只怪我自己不留意,害你吃成这样,但转想你的苦,分明不全是酒醉的苦,假如今晚你不喝酒,我到了相当的时刻得硬着头皮对你说再会,那时你就会舒服了吗?再回头受逼迫的时候,就会比醉酒的病苦强吗?咳,你自己说得对,顶好是醉死了完事,不死也得醉,醉了多少可以自由发泄,不比死闷在心窝里好吗?所以我一想到你横竖是吃苦,我的心就硬了。我只恨你不该留这许多人一起喝,人一多就糟,要是单是你与我对喝,那时要醉就同醉,要死也死在一起，醉也是一体，死也是一体，要哭让眼泪合成一起，要心跳让你我的胸膛贴紧在一起，这不是在极苦里实现了我们想望的极乐，从醉的大门走进了大解脱的境界，只要我们灵魂合成了一体，这不就满足了我们最高的想望吗？

啊！我的龙，这时候你睡熟了没有？你的呼吸调匀了没有？你的灵魂暂时平安了没有？你知不知道你的爱正含着两眼热泪在这深夜里和你说话，想你，疼你，安慰你，爱你？我好恨呀，这一层的隔膜，真的全是隔膜，这仿佛是你淹在水里挣扎着要命，他们却掷下瓦片石块来算是救渡你，我好恨呀！这酒的力量还不够大，方才我站在旁边我是完全准备了的，我知道我的龙儿的心坎儿只嚷着："我冷呀，我要他的热胸膛偎着我；我痛呀，我要我的他搂着我；我倦呀，我要在他的手臂内得到我最想望的安息与舒服！"——但是实际上我只能在旁边站着看，我稍微一帮助就受人干涉，意思说："不劳费心，这不关你的事，请你早去休息吧，她不用你管！"

哼，你不用我管！我这难受，你大约也有些觉着吧！

方才你接连叫着，"我不是醉，我只是难受，只是心里苦"，你那话一声声像是钢铁锥子刺着我的心：愤、慨、恨、急，各种情绪就像潮水似的涌上了胸头；那时我就觉得什么都不怕，勇气像天一般的高，只要你一句话出口什么事我都干！为你我抛弃了一切，只是本分为你我，还顾得什么性命与名誉——真的假如你方才说出了一句半句着边际着颜色的话，此刻你我的命运早已变定了方向都难说哩！

你多美呀，我醉后的小龙，你那惨白的颜色与静定的眉目，使我想象起你最后解脱时的形容，使我觉着一种逼迫赞美崇拜的激震，使我觉着一种美满的和谐——龙，我的至爱，将来你永诀尘俗的俄顷，不能没有我在你最近的旁边，你最后的呼吸一定得明白报告这世间你的心是谁的，你的爱是谁的，你的灵魂是谁的！龙呀，你应当知道我是怎样地爱你，你占有我的爱，我的灵，我的肉，我的"整个儿"。永远在我爱的身旁旋转着，永久地缠绕着，真的，龙龙，你已经激动了我的痴情。我说出来你不要怕，我有时真想拉你一同死去，去到绝对的死的寂灭里去实现完全的爱，去到普遍的黑暗里去寻求唯一的光明——咳，今晚要是你有一杯毒药在近旁，此时你我也许早已在极乐世界了。说也怪，我真的不沾恋这形式的生命，我只求一个同伴，有了同伴我就情愿欣欣地瞑目；龙龙，你不是已经答应做我永久的同伴了吗？我再不能放松你，我的心肝，你是我的，你是我这一辈子唯一的成就，你是我的生命，我的诗；你完全是我的，一个个细胞都是我的——你要说半个不字叫天雷打死我完事。

我在十几个钟头内就要走了，丢开你走了，你怨我忍心不是？我也自认我这回不得不硬一硬心肠，你也明白我这回去是我精神的与知识的"散拿吐瑾"。我受益就是你受益，我此去得加倍地用心，你在这时期内也得加倍地奋斗，我信你的勇气这回就是你试验、实证你勇气的机会，我人虽走，我的心不离开你，要知道在我与你的中间有的是无形的精神线，彼此的悲欢喜怒此后是会相通的，你信不信？（身无彩凤双飞翼，心有灵犀一点通。）我再也不必嘱咐，你已经有了努力的方向，我预知你一定成功，你这回冲锋上去，死了也是成功！有我在这里，龙龙，放大胆子，上前去吧，彼此不要辜负了，再会！

摩

再会后面的一个感叹号，那一个点，徐志摩的笔尖停顿了好久。直到墨水都把纸洇透了，他才回过神来。赶紧收住了笔。

他看着那摊晕开的黑色墨水，像是一滴黑色的眼泪。

第四卷　相思相见知何日

思　恋

　　转身的时候，总是要下起雨。当开往西伯利亚的火车开始行驶，离开了北京火车站的月台时，下了这个春天最大的一场雨。火车里的徐志摩坐在靠窗的位置，轻轻偏着头，面无表情地望着窗外淅淅沥沥的雨丝。

　　这次赴欧徐志摩的心情是很复杂的，可是他不知道怎样去表达那种复杂和矛盾。于是，他把这次赴欧称为"自愿的充军"。"充军"路上，连老天都为之垂下雨幕送行，倒也是自己的殊荣了。想到这里，徐志摩的嘴角轻轻挑了一下。总归是要走了，就不要再让这里的烦恼困扰自己，就潇潇洒洒地走吧。

　　他实在是有一些累了。昨日给陆小曼写信写到凌晨三点，只睡了几个小时便又起身了。他默然间闭上双眼，却还是怎么也睡不着。他便又从箱子里拿出信纸和钢笔，低着头写起信来。

　　都说一场秋雨一场凉，然而春雨又何尝不凉。徐志摩靠着窗，能够很明显地感受到窗外阴冷的空气在刺激着他的鼻翼。他不由得打了一个喷嚏。而后，他从箱子里取出一件大衣为自己披上，接着写他面前的那封信。

　　最后，他还是在这场透着凉意的春雨里，握着钢笔睡着了。有趣的是，他在不知不觉由醒过渡到睡的那一个瞬间里把笔帽扣上了。惯用钢笔的人都知道，笔尖长期不用又暴露在空气里是最伤笔的。徐志摩啊徐志摩，果然是一个从骨子里爱笔的诗人。文人，一生中的大多时间都与笔为伴，不爱笔又爱谁呢。

三月二十六日，徐志摩抵达了柏林。一个星期前，徐志摩的次子德生在柏林死于脑膜炎。徐志摩抵达的当日，便去看了张幼仪。

张幼仪见了徐志摩，很是惊讶："你怎的来了柏林？"

徐志摩当然没有说自己来欧洲的真正目的，这样的时刻怎么能叫张幼仪再伤心，便说："母亲大人听说了德生得病的消息，便叫我来看看，没想到还是迟了。"

"三年了，你都不来。若是再早来一个星期，怕是还可以叫德生见一见爸爸。"张幼仪掩不住神情里的悲戚。

徐志摩到了柏林的第二天，张幼仪便带徐志摩去了殡仪馆。徐志摩看了德生的骨灰盒，忽然愧疚之情涌上心头。他双手捧着骨灰盒，眼泪簌簌而下。这些日子，他只顾着追求自己的幸福，却从没有想过张幼仪母子的幸福，甚至连他们的消息都没有关心过。真的是愧为人父！

张幼仪不仅不怪徐志摩，此刻竟然还有些心疼他，扶着他的肩膀道："志摩，你也不要太伤怀。"

"幼仪，这几年你一个人抚养德生，也是不易。"徐志摩带着泪道，此刻他是由衷地觉得对不起张幼仪。

"我在这边倒也还好，至少有哥哥在一边照应着。在这边也认识了许多新朋友，大家平日里都相处得很好。有时候还办读书会，大家一起交流读书的心得。"张幼仪娓娓说道，她只是希望徐志摩不要那么内疚了，自己经历的伤痛更是只字未提。

徐志摩正背对着张幼仪。他恍然发现，他与张幼仪在一起这么久，竟然是第一次用心听她说说自己的生活，尽管只有这么简短的两句话而已。

徐志摩抬起头，望着张幼仪，那眼神里带着些愧疚和感激。沉默了一会儿，徐志摩注视着张幼仪的双眼道："可是，自由和爱，对我来说，终究是最重要的。"

张幼仪听了这话，竟然露出了一个微笑："你倒是诚恳。"

而与徐志摩相距何止千里的陆小曼，自徐志摩离去的那天起，便觉得她的卧房都变得不一样了。每每她从外面回到自己的卧房，总是想起那天她送别了徐志摩回家时的感觉："回家走进了屋子，四面都露出一种冷清的静，好像连钟都不走了似的，一切都无声无息了。我坐到书桌上，看见他给我的信，东西，日记，我拿在手里发怔，也不敢去看，也不想开口，只是呆坐着也不知道自己要做点什么才好。"

从那一天起，她的房间静得可怕。尤其是到了晚上，满室的漆黑，满室的寂静，没有光亦没有声，总是让陆小曼难以安睡。

漆黑，寂静，侵入骨髓的寒冷，让陆小曼无论如何都睡不着。然而在这无边的黑暗里她的眼睛像失明了一般，什么都看不见。她摸着床柱子下了床，两只脚晃在半空中寻找着自己脱在床边的拖鞋。终于，她下了床，凭着自己的直觉走到了窗边。寂静里划过"刷"的一声，窗帘被陆小曼拉开了一个缝隙。霎时间，陆小曼觉得自己的视觉重新发挥了作用，窗外路灯和月亮混杂起来的光亮一下子就照进了室内。自那个时候起，陆小曼便养成了一个习惯，即使是在夜晚睡觉的时候，屋子里也要留一点光，最起码能够让她看见周遭的环境，不至于下床的时候一脚踏了空。

徐志摩走后，不只是陆小曼的房间静了下来，陆小曼的心也静了下来。她对于明日的指望，不再是给徐志摩写多少信，也不再是怎样才能见徐志摩一面。她开始安排自己的生活，让自己过得有趣。画画、跳舞、看书这些活动又重新进入了陆小曼的生活。

陆小曼本来以为徐志摩走后母亲将会更加频繁地来劝说她放弃徐志摩。可是出乎陆小曼的意料，母亲不仅没有以前来得那样勤了，而且每次来也绝口不提徐志摩和王赓的事情。反而是过问一些关于陆小曼生活的事情。陆小曼觉得那份从前她已经快要承受不了的沉重压力正在渐渐逝去，而这种逝去正是徐志摩的离去所带来的。她忽然觉得徐志摩的暂时离去是对的。

吴曼华终于还是和陆小曼提起了徐志摩，那是在徐志摩走后半个月："哎，看来徐志摩还是放不下你。人虽走了，却还是给我写了这样的信。"

"什么信？"陆小曼很是疑惑。

"无非是告诉我，他对你有多真心。可是再真心又有什么用，难道他可以给你幸福？"吴曼华道，说着便把徐志摩写给她的信递给了陆小曼。

陆小曼看过了信才知道，原来徐志摩在火车上给吴曼华写了信，倾诉他对自己的真情，恳求吴曼华支持他们二人的感情。原来，她的志摩从来没有让她一个人去面对所有的阻碍。陆小曼看到一半，不禁流下了眼泪。

陆小曼在这晚的日记里写道："昨天接到摩给娘的信，看得我肝肠寸断了，那片真诚的心意感动了我，不怕连日车上受的劳顿，在深夜里还赶着写信，不是十二分的爱我怎能如此？摩，我真感谢你。在给我的信中虽然没有多讲，可是我都懂得的，爱！你那一个字一个背影我都明白的，我知道你的一字一泪，也太费苦心了，其实你多写也不妨。"

然而，彼时的徐志摩何尝敢多写些。当时他给陆小曼的信都是寄到陆家的，陆家的每一个人都可能拆阅。若是有什么不当的言辞被旁人看见了，只怕又要害陆小曼在困境中更为难一分。

徐志摩的这些顾虑，这些良苦用心，陆小曼怎么可能不懂。然而，陆小曼除了把自己的感怀写在日记里，别无他法。

天气一日一日暖了起来，可是陆小曼的身体却一天天变差了。

已经是春天了,陆小曼夜晚里还是要盖着棉被,否则便会冷得难以入眠。不仅如此,她的胃口也渐渐变差了。起初,她还以为是近来厨子做的东西不合胃口。可是即使是要惜君去喜欢的铺子买回来的饭菜,她也总是吃不下几口便觉得饱了。

"小姐,你好歹多吃一些。你这样苦着自己,于事无补啊。"惜君终于忍不住在陆小曼进餐时劝了她一句。

"我哪里是苦着自己,我是实在吃不下。"陆小曼抬头看着惜君,眼中满是无奈。

惜君看着日益消瘦的陆小曼,也不知道该说什么。无奈之下,她去找了吴曼华。

"夫人,我觉着小姐的身子是一日不如一日了。惜君看着心里不知如何是好啊。"惜君知道,陆小曼的病无非是因为徐志摩,只要夫人愿意支持她,她的病就能好一大半。

"哎,这孩子,总是这样自己作践自己,有什么好。"吴曼华道。

"我问了小姐了,她说不是故意不吃东西,而是实在吃不下。"惜君道。

吴曼华其实内心也很为难,然而这层为难,怕是惜君和女儿都不会明白的。她叹了口气,对惜君说:"也罢,你同小曼说,明天我陪她去医生那瞧瞧,可别是染了什么病。"

"好。"惜君道。

第二日一早,吴曼华便来到了女儿房间,陆小曼早就很配合地换好了衣服。她未施粉黛,一脸苍白,又配了一身白色的衣服——白色衬衫,白色风衣。吴曼华见女儿脸上毫无血色,也生出了几分心疼。然而她未多言,只是带着陆小曼上了车。

待看完了医生,医生告诉吴曼华,陆小曼是心律不齐和神经衰弱,需要好好休息再辅以一定的药剂便好。吴曼华心里明白,这定是近来这事的风波所致。这样多的流言,这样多的压力,陆小曼怎么能够好好休息呢。

然而,未等到吴曼华开口劝陆小曼,陆小曼便先开了口:"照这样的日子再往下过,我怕我的身体上要担受不起了。"

听女儿的口气,好似是吴曼华和王赓联合起来折磨她一样,吴曼华便回应道:"你这分明是自寻烦恼。也是怪我,当年送你去西式学堂,教你净学那些外国小说上的行为。你讲爱情,却被爱情折磨得死去活来,你这是何必。"

陆小曼嘟起嘴,喃喃道:"我受了折磨,还不是你不愿意成全我。"这一句话里的乞求意味,吴曼华听得清清楚楚。然而,绝不是她愿意成全陆小曼,陆小曼就能同徐志摩在一起的,这一点她很清楚。

陆小曼一个人的时候,她的房间还是那样静。起初,她还是可以在这片安静里画画,听歌。然而随着时间的推移,这静像一头怪兽,从幼小长成大到可以吞噬掉房间内的陆小曼。

转眼两个月过去了,徐志摩杳无音讯,哪怕是一封电报一封信都没有。

每每一个人在房间里与那头名为寂静的"怪兽"共处,陆小曼就抑制不住内心的痛苦。她总是有许许多多的隐忧,她的徐志摩在那边,是否还是与她的心一致。她这样坚持下去,又是否有意义。

她怕了一个人的日子,便开始同朋友们出去玩耍。打牌、跳舞,时间倒也消磨得快。每次回到家,都已经是夜半,她困极倦极,通常是洗洗便睡下了。她总算没有那么多时间乱想了。

恍然间她想起李之仪的那首《卜算子》:

我住长江头,君住长江尾。日日思君不见君,共饮长江水。
此水几时休,此恨何时已。只愿君心似我心,定不负相思意。

第四卷　相思相见知何日

只愿君心似我心，定不负相思意。

身在欧洲的徐志摩，别说是与陆小曼共饮长江之水，就是夜晚共赏一轮明月，也由于时差的关系变得没有可能。然而，他未曾有一分一秒负了陆小曼的相思之意。

到了欧洲，徐志摩当真是稍稍放宽了心，那种压抑的感觉一下子便烟消云散了。然而即使如此，他的心里也没有一刻不思念着陆小曼。

没有陷入恋爱之中的人，也许永远都不会理解这份相思的苦。独自在房间里的时候，徐志摩脑海里总是闪现出那些有关相思的词句——

秋风清，秋月明，
落叶聚还散，寒鸦栖复惊。
相思相见知何日？此时此夜难为情！
入我相思门，知我相思苦，
长相思兮长相忆，短相思兮无穷极，
早知如此绊人心，何如当初莫相识。

当真是不入相思门便不知相思苦。茫茫人海中，你遇见了那个属于你的人。你们穷尽世间欢愉，却也总是要分别，去体验这世间最刻骨铭心的相思之苦。

规避苦痛是人性之本能，因而徐志摩总是给自己安排一些活动，避免自己闲下来。在欧洲的几个月时间里，徐志摩做得最多的事情便是去拜谒名人墓地。小仲马、雪莱、米开朗琪罗、曼殊斐儿、伏尔泰、济慈、卢梭……基本上他所能想到的名人墓地都去了。徐志摩开玩笑说："我这次到欧洲倒像是专做清明来的。"

四月里，欧洲不仅青草已然郁郁葱葱，路旁亦有细小野花绽放。这样好的季节，自然是不能辜负的了。张幼仪的两位英国朋友便邀请张幼仪同她们一起去意国游玩。四月，怕是威尼斯最美的时节了。张幼仪便同意了，当然也带着徐志摩一同去了意大利。

纵然心里有着许多亏欠和感激，可是徐志摩和张幼仪在一起的确有一种志趣不合的感觉。所以在威尼斯，徐志摩总是独自一个人出去，欣赏这水上城市的浪漫风光。而张幼仪便和那两位英国小姐待在一起，倒也没有怨言。

徐志摩又恋爱了，这一点张幼仪是看得出来的。他每天早上用早餐的时候，都焦急地等待着从国内发来的电报，还总是反复问女侍邮箱里有没有给他的信件。不多时，张幼仪便知道徐志摩随时与国内保持联系的缘由了。她知道，徐志摩恋爱的对象是陆小曼，王赓王将军的妻子。而那边的形势一好，胡适便会给徐志摩来信。至于对陆小曼的深情，徐志摩是丝毫不对张幼仪避讳的。

第四卷 相思相见知何日

斡 旋

　　陆小曼是为徐志摩而病，而王赓仍然十分关心她的身体。

　　当时，王赓身在南京，担任督办浙江军务善后事宜公署高级参谋。当陆小曼生病的消息传到他这里，他是十分担忧的。然而，公务缠身的他却是无法回去的。他只能给身在北京的胡适和张歆海写了一封信："陆家有电报来叫我回京，苦的是我是军人，不能随便行动，说走就走。好的是一两日内，就有机会来到，可以假公济私，人亦可以来京，钱亦可以多少带点。请你二位告诉小曼，好好安心调养……我没有到之前，你们两位更得招呼她点，见面再谢吧。"

　　王赓对陆小曼，确确实实是爱的。然而，他总是赧于表达，同旁人把对陆小曼的疼爱就可以全说出来，对于陆小曼反倒没有了话，只叫陆小曼觉得丈夫根本不关心自己。

　　是以当王赓从百忙之中赶回了北京看望病中的陆小曼时，陆小曼在日记中写下的却是这样的言辞："那天写着写着他就回来了，一连几天乱得一点空闲也没有……他又有到上海去做事的消息，这次来进行的，若是事情办成，我又不知道要发配到何处呢？……他又成天的在家，我简直连写日记的工夫都没有了。"

　　此时，陆小曼的病已经好了大半了，王赓看了也放心许多。他还道是对妻子多加关怀可以挽回妻子的心,却丝毫不知此时妻子心里已经完全没有他了,他赶回来了反倒叫她烦心。

到了五月下旬的时候,王赓去上海的事情已经是敲定的了。这一次,王赓再也不要让陆小曼一个人在北京了。他要将妻子带在自己身边,这样妻子才能回到自己身边。

然而,此时的陆小曼是说什么都不要继续待在王赓身边的了。她若是同王赓去了上海,迎接她的将是暗无天日的生活,不能出门,不能通信,毫无趣味和希望。再者,一旦她随着王赓去了上海,她此前的所有努力将全部白费了。

她已经看到了终点那熠熠生辉的幸福,又怎么可能轻易从这条路退回。

所以,当王赓向陆小曼提出要她随自己去上海的时候,陆小曼的声音是轻的,却透着无与伦比的坚定:"我不去。"

陆小曼若是温柔地撒娇,也许王赓倒是可以心平气和地与她商量一番。可是这样的语气,很难不触怒王赓,是以王赓的语气也不那么好了:"你是我的妻子,你不随着我去留在这里做什么?"

"我随你去,又能做什么呢?"陆小曼反问。

"你留在这里,无非是在等着那个已经远走的人吧!"王赓提高了音量。

丈夫竟然一言不合便怒斥自己,陆小曼不禁也生气起来:"我不与你去,是觉得那样的日子没有意思。你何必去扯什么旁人呢?"

"什么叫有意思,作几句风花雪月的诗便叫意思了?"

"你不会懂。"陆小曼背过身去。

终于,陆小曼身后传来"砰"的一声摔门声,王赓愤然离去了。

王赓的失落已经让陆小曼心里很是难受,旁人却还是要来雪上加霜。

三日之后,陆小曼在一间饭店应酬的时候,又被一位"朋友"含沙射影地说了几句。当着众人的面,陆小曼又气又急,加之本来就身体抱恙,竟晕了过去。

朋友们把她背回了家。

她再度醒来时,觉得像经历死亡又复活了一般。朦胧的目光中,她的床边站满了人,有自己的父母,有她的朋友们。虽然是醒了过来,可是她觉得浑身像是有一团火在烧着自己,不禁轻轻叫道:"热,我热……"

吴曼华看着女儿如此,心疼得眼圈都红了。她心里不禁想起自己其他夭折的孩子,她如今只有陆小曼一个了,是万万不能失去她的。她说话的声音已经带着些哭腔:"小曼,你坚持住。克利医生马上就来了。来,先喝一口水。"

陆小曼喝了一口水,又觉得头脑昏昏沉沉,便直接睡了过去。

待到凌晨三点,克利老医生匆匆赶到。他为陆小曼开了药,打了针,可是陆小曼仍然不见好转。克利老医生便说,陆小曼怕是病得厉害,让她休息一晚,明日一早送她去医院。

彼时胡适就在一旁,他看见陆小曼的情况着实吓了一跳。趁着陆小曼神智清晰,他赶忙在陆小曼耳边轻声道:"要不要叫他回来?"

这个他,自然是指徐志摩。听见胡适的话,陆小曼的身子微微抖了一下,在自己重病中听见旁人提到徐志摩,她好似触电了一般。志摩,她的摩,她真想点点头对胡适说好。可是,这是她一个人的战斗,徐志摩回来了又能怎么样呢。她要坚持下去,她摇了摇头。

陆小曼这一病,王赓同样急在心里。可是,刚刚与陆小曼吵了架的他甚至不好意思去陆小曼床边与她说说话。陆小曼病成这样,自然是不能带她去上海的。然而终究是军命难违,王赓托付了几个朋友好好照顾陆小曼,便启程去上海就任去了。

王赓的心急陆小曼自然是看不到,她只能看到的是王赓的转身离去,尚在病榻之上的她对吴曼华抱怨道:"你说王赓愿意待我好?你瞧见没有，我病了第二天，他便走了。在他心里，到底是官重要还是我重要，这还用说吗？"

吴曼华听了这话，心里倒是也有点责怪王赓。女儿病成这样，他怎么能够一走了之呢。虽则此时吴曼华和陆定都十分担心自己的女儿，可是他们心里是无论如何也不想女儿和王赓离婚的。

开始真正让吴曼华的态度转变的人是刘海粟。这年春天，陆小曼正从师刘海粟学画画。刘海粟便经常出入陆家，以他那潇洒不羁的个性和陆家上上下下都算得上熟络了。而刘海粟又同吴曼华一样，都是常州人，这里又多了几分亲切。加上吴曼华本来也很欣赏刘海粟的才华，所以他的话，吴曼华是很听得进去的。

当刘海粟问及吴曼华的想法，吴曼华很坦率说："海粟，你家和我家都是常州很有名望的世家。你知道，女儿结过婚又离婚，离了婚又结婚，这是何等有失体统的事情，叫人家听见了，会怎么说怎么想呢。"

刘海粟顿了一顿说道："小曼现在这个病多半是相思成疾。这样拖着，她心里不好受，病也是养不好的。病若是一重再重，可是无法挽回的了。况且志摩也是文化圈子里很有名望的人，才华横溢，与小曼也很是相配。"

刘海粟把两层主要意思说得很明确，一是小曼都已经病成这样，是决计不会再妥协的；二是即使离开了王赓，徐志摩也是绝对配得上陆小曼的，并不有辱陆家的名望。

吴曼华自然也是听得出来这两层意思的，她轻轻叹了一口气道："我何尝不心疼小曼。况且，我对志摩也并不反感，只是人言可畏啊。不是我一个人同意便可以的。"

"这么说，夫人你心里其实是同意小曼去追求自己的幸福的？"刘海粟见势抖了个机灵。

"只要小曼能幸福，做母亲的什么不愿意？"吴曼华终究被刘海粟

说动了。其实这几日看着小曼受着病痛的折磨,她就已经心软了。天下的父母,哪一个不是一心盼着自己的儿女平安快乐便好呢。

听了这句话,刘海粟心知这事已经成了一半,剩下的事情,只要徐志摩回国来一同找陆家和王赓处理了便好。于是,刘海粟急急地跑到胡适家,叫他拍电报给徐志摩,叫徐志摩快些回国。

徐志摩永远忘不了那个早晨的情形。窗外的莺鸟带着春日的喜悦不住地啼叫着,窗外的日光透过宽大的窗投射到铺着米白色桌布的餐桌上,窗外的送信童哼着民谣动作娴熟地把一封来自中国的信件投进徐志摩门外的邮箱内。

接到那封信的时候,徐志摩正在同张幼仪一起吃早餐。徐志摩见信到来,即刻放下了右手握着的汤匙,也丝毫不避讳在一旁的张幼仪,当即拆开了信来看。信的内容显然很短,片刻之后,徐志摩便带着抑制不住的欣喜抬起头对张幼仪说:"太好了!我们现在可以离开了!"

毫无疑问,那封信来自胡适。他告诉徐志摩,王赓已经同意与陆小曼离婚了,他可以安全回国了。

那一刻,徐志摩几乎要兴奋得跳起来,犹如喜悦过头了的孩童。

然而,他却还不能即刻动身。因为他来欧洲,是应了泰戈尔的约定的。他得等泰戈尔前来会面。然而泰戈尔却一直来不了。

后来徐志摩才知道,泰戈尔已经来过欧洲了,只不过二月里又回了印度。然而泰戈尔还会再来欧洲与徐志摩会面的。徐志摩既然已经答应了泰戈尔的邀约,便也只好耐心等待。

待到月底,张幼仪便回柏林了。徐志摩也离开了威尼斯,转而去了佛罗伦萨,租了一隅僻静小屋住下。

四月三十日这一天,徐志摩给泰戈尔写了一封信——

到意大利后我差不多费时两周才确实肯定你真的不在意国,而且早在二月就回印度了。我当时茫然不知所措,有一段时间简直是无所适从……我在意大利已经两星期了,在罗马也见过方美济教授;他盼望你能早点再来意大利。我现在寄寓翡冷翠,在群山环抱中一座优雅的别墅租了个地方。居停主人蒙皓珊女士很有文化教养,而且平易近人,对你也非常敬慕。这里的园子有美木繁花,鸟声不绝,其中最动人的是夜莺的歌唱。若不是狄更生先生和其他英国朋友一催再催要我至少回剑桥小住数天,我可以在这个静谧清美的安乐窝终老的。

这信发出了许久,徐志摩都没有收到泰戈尔的回复。此时的他,对陆小曼的病情可谓并不知晓。徐志摩以为,在那远隔重洋的北京,一切都恢复了平和,陆小曼已然得到了自由。殊不知,胡适给他的消息并不准确,陆家只是松了口,王赓还没有同意与陆小曼离婚。然而以陆小曼那要强的性子,如何肯把自己的思念给徐志摩说。是以徐志摩便一直在佛罗伦萨等待泰戈尔的回信。

待到六月,徐志摩终于收到了泰戈尔的电报。泰戈尔说自己八月份准来欧洲,嘱咐徐志摩等他。徐志摩收到了信,安心了下来,便耐着性子开始等泰戈尔来。一面等一面到处游玩。毕竟,徐志摩被禁锢得太久了,如今到了欧洲,好似鱼儿回到了水里,终于可以畅游嬉戏了。

徐志摩想见邓南遮,没能如愿。又去了巴黎,想见罗曼·罗兰一面,然而也是未能如愿。而后,他便同张幼仪一起去看望了身在巴黎的赵元任和杨步伟夫妇。

七月,徐志摩去了英国。到了伦敦不多时,便收到了陆小曼的来信。信上说她病了,要徐志摩赶紧回来。

彼时徐志摩正站在住所的邮箱前,取了信未等进门就拆开来读。

此刻夕阳的光辉斜斜地照射过来,映在他神色有些恍惚的瞳孔里,里面有种说不出的意味。那一瞬间,徐志摩忽然有点想哭。他捧着信,把信反反复复读了好几遍。那封信很短,没有过多地说她的感受,只是叫他回去。

徐志摩看了几遍信,终于把那页薄薄的信纸折了起来,塞进了信封里。就在他完成这个动作的一瞬间,他感觉到手背划过一丝冰凉的触觉。他望了一眼自己的手背,那是一滴水珠。他定定地注视着那滴水珠,空气里似乎飘过一缕陆小曼发梢上特有的兰花香。他恍然间意识到,那水珠便是陆小曼的泪。那滴水珠就那样自东半球的一座庭院里蒸发,升高,再升高,升到万里高空。然后随着春季里的漾漾微风,一点一点自西方飘荡。然后在此时此刻——徐志摩读完了她信的那一刻,遇到了冷气,缓缓凝结,坠落在他的手背上。徐志摩感受得到也认得出来,这就是陆小曼的泪,这就是陆小曼的气味。

接着,更多的水珠落了下来。徐志摩没有抬头去看那乌云密布的天。他亦不移动半步,尽管他的房子就在咫尺之外。他任由那漫天的雨滴淋在他的身上,他的鼻翼旁萦绕着那样真实的兰花香味。

有时候,你明明与我相隔万里,我也觉得你就在我怀里哭泣。你的眼泪打湿了我的衣衫,我的怀抱不知可否给你片刻温暖。

雨越下越大。纵然是春日,可是终究带着水本身所具有的寒意。徐志摩的衣衫渐渐湿透了,那些湿衣服紧紧地贴着他的肌肤。他感觉刺骨的寒气在往他毛孔里钻。然而他还是站在雨里,双臂张开,仿佛拥抱着什么,可是明明什么都没有。

大雨往往呼啸而过,只有小雨总是绵绵不断。

雨很快就停了,徐志摩如梦初醒般放下双臂,摇摇晃晃地走进了房间。

他脱下了湿衣服,简简单单地冲了个澡。然后订了去巴黎的船票。

本来定好了过几日就去恩厚之的达廷顿庄园的，此刻也去不了了，便写了封信诚恳地向恩厚之道歉。至于泰戈尔，他也是不等了，虽说再等半个月泰戈尔就来欧洲了。可是此时此刻陆小曼要他回去，即刻启程他都嫌慢，更不要说再去等待泰戈尔。他又给泰戈尔发了封电报说明原委，便到巴黎等待苏联政府的签证去了。

小曼，等我。

第五卷

重逢宛然为君笑

重　逢

十几天的旅途颠簸过后，徐志摩终于在七月底到了北京。

一下车，徐志摩的第一反应便是去陆家看陆小曼。他的行李并不多，一个手提箱子而已。然而他身上却仍旧穿着长衫外套，在北京的七月里，他觉得浑身都开始冒汗。他也不知仅仅是因为这天气炎热还是因为即将见到爱人的激动。

然而走了几步，他却停了下来。不管是胡适的信，还是陆小曼的信都没有详细说过这边的情形。万一情况不如自己所料，自己贸然前往陆家岂不是坏了大计。徐志摩调转了方向，赶回自己的家。

毕竟时间还有余生那么长，也不急于这一时。

徐志摩回家换上了轻便的衣服，放下行李，便赶去了胡适家。

"志摩！你回来也不拍封电报，好叫我去车站接你！"胡适见到徐志摩很是惊喜，没有想到他回来得这样快。

"我回来得太匆忙了，未来得及通知你便启程了。况且，就这几步路，何用去接！"徐志摩望见熟悉的一切，觉得分外亲切。

"小曼的病已经好多了，你不用担心。"胡适未等徐志摩问起便主动说起了陆小曼的情况。

徐志摩叹了口气，道："都是我不好，让她受苦了。"

"虽则现在是好了,可是她最严重的时候却都不让我拍电报告诉你。"胡适接着说。

"怎么呢,究竟是什么病?"徐志摩连忙问。

"那时候是春日吧,她在酒店同人应酬,人家说了她几句,她气极晕了过去。再醒来便发了高烧,同时心率极快。那时候,她时时神志不清。我趁着人少的时候在她耳畔问她,要不要叫你回来。她摇头说不要。现在想想,她大概是要一个人处理好这边的事,又不想让你担心吧。小曼的勇敢可敬,只怕这世间大部分男子都不能与之相比了。"胡适将这件事讲了出来。

徐志摩很是吃惊,原来他在欧洲游玩快活的时候,小曼竟然独自在北京经历着这些苦楚。甚至,有可能他就再也见不到小曼了。人世无常,谁能预料明天会发生什么。心觉万分愧疚的他沉默了许久,然后问胡适:"那么现在的情况呢?"

"现在不建议你去陆家。因为这事情已经快要成了,待海粟劝得陆夫人带小曼同他一起去上海找王赓解决这件事时,你再露面。毕竟,你的诚意是十二分的,这一点无须证明。"胡适道。

徐志摩听了,心里知道这事无非是刘海粟和胡适一直在帮忙,自己未出几分力便扭转了事态,不禁感念于心:"适之,你和海粟的大恩,我真不知道如何报答了。"

"谈什么报答。你和小曼,都是我们的朋友。有情人本该成眷属。"胡适回答。

很快,吴曼华便答应了刘海粟带着小曼同他一起去上海。

临行那天,胡适、徐志摩和陶孟和都到场送行。徐志摩终于见到了他的小曼。

陆小曼又穿上了薄荷绿色的连衣裙,头发整整齐齐地绾在脑后,望见徐志摩,嘴角不禁轻轻上扬,好像在说:"志摩,这场一个人的战斗,

我还是赢了。"

徐志摩的脸上却没有笑,满满地写着心疼,他终于呼了一声:"眉。"

陆小曼只是望着他,然后渐渐收敛了脸上的笑容,道:"摩,你等我便好。"

徐志摩向前走了几步,在陆小曼耳边轻声耳语:"我已经让你一个人面对了太多,这一次,我会同你一起。"

陆小曼怔了一下,不知道徐志摩说的同她一起是什么意思。然而她确实一个人面对了太多了,这次徐志摩回来了,她怎么会不想靠在他肩膀上面对这一切。她莞尔一笑,声音很小却十足清晰地说道:"好,我们一起去面对这一切。"

虽然周遭都是自己人,可是陆夫人终究刚刚才转变态度,当着众人的面,徐志摩也不好同陆小曼说太多。顾及这一层意思,徐志摩对陆小曼道了一声"珍重"便退回了人群中,同胡适他们站在一起。

徐志摩看着陆小曼在他视线里渐渐变小的背影,暗暗发誓,一定要给她幸福。

陆小曼母女同刘海粟到上海的第二天,徐志摩就追随而至。

徐志摩落脚上海后,没有片刻休息,甚至都没有前去订好的旅馆放下行李,当即同刘海粟去了他那里。他同刘海粟有太多的话要说。不仅仅是他到欧洲游历的经过,更多的是他和陆小曼的爱情。

他到了上海时,已经是傍晚,刘海粟早早便到了车站等他。他一下车便远远认出了刘海粟。刘海粟本来就在上海就职,上海算是他的大本营了,所以他见到徐志摩的一句话便说:"这次在上海,不要去住旅馆了,就在寒舍住下吧。"

徐志摩在上海这么多次,因为有见旁人的需要,次次都是住在旅馆。而这一次,刘海粟帮了他的大忙,可以说二人的关系已经不同往常了,此时刘海粟发出邀请,他自然是很乐意答应的,便道:"求之不得。"

晚饭是在刘家吃的，灌汤包。

"味道可好？"刘海粟一向重视食物的味道，每每客人来家里吃饭总要问及味道。

"皮薄味鲜，甚好甚好。"徐志摩也是饿了，一口气吃了很多。

"却说这事，陆夫人也不好意思向王赓提出离婚。这件事，还得咱们来提。"刘海粟把话题转移到他和陆小曼的事情上。

徐志摩抬起头，道："这件事陆夫人能够同意已经要多谢海粟，她不好意思提起也是人之常情，毕竟王赓又没有什么过错，她毕竟是传统思想，怎么好意思提出。只不过，我们又怎么去提呢？"

"这你不用担心，我已经想好了一个法子。"刘海粟一副成竹在胸的样子。

"什么法子？"徐志摩问道。

"我们设宴，将这件事的道理让王赓明白，也请陆夫人出席，让他明白这件事陆夫人也是同意的。这样既不伤王赓的面子，也能达到我们的目的。"刘海粟从容道。

徐志摩还是一头雾水，何以一个宴席就能让王赓明白"这件事的道理"，于是问道："怎么让他明白呢？"

刘海粟微微一笑："你可知那杨杏佛爱上了唐瑛？"

"可是唐瑛不是要嫁给那个宁波的富家公子李祖法了吗？"徐志摩对这些事倒是听说了。

"是，那是唐小姐家里的安排。却说这李祖法也是杨杏佛的好友，自然是进退维谷为难得很。"刘海粟道。

徐志摩听明白了他们三个人的关系，同他、王赓和陆小曼的关系是极其相似的。他恍然大悟："你的意思是不仅要陆夫人在，也要请他们来，这样便也不那么尴尬了？"

"是的，这样的场合，王赓也更能听进去我说的话。"刘海粟道。

"海粟，你这样用心良苦，我真不知如何感谢你。"徐志摩由衷地说。

刘海粟右手抚了抚徐志摩的肩膀:"如何要谈什么感谢。你与小曼,都是我敬佩的人。若要换作我是当事人,我还未必有你们两个这样的勇气和坚毅。"

徐志摩饮了一口杯中的米酒,道:"其实遇见小曼之前,我一直觉得人生当潇潇洒洒过活,片刻不能委屈了自己。可是当小曼成了千夫所指之人的时候,我想的却是,宁肯那所有的委屈都在我身上,我才能感觉轻快些。你可知道,那些指责由她背负的时候,我比她更沉重万分。后来我走到欧洲去,也并不是因为害怕王赓报复我。为了我心中所爱,就算饮弹而死我也死而无憾。我只是忍受不了眼看着小曼受苦受难却什么也做不了的那种痛苦。"

天色已经彻底暗了下来,胡适与刘海粟对坐在餐厅里,侍者悄悄点亮了餐厅里的灯。徐志摩心里那些不曾对任何人说过的话,终于对刘海粟说了出来。

"志摩,没有人觉得你的远走是要躲避什么。你的走,不过是为了让小曼重获自由更顺利了一些。要知道,你在这里,确实于事无补。这一点,不光是小曼,不光是我,知情的人都看得很明白。"刘海粟也是极其了解徐志摩的。

那一个晚上,徐志摩与刘海粟谈了许多,谈到酒壶里的酒都被他们二人喝尽了才各自回房间睡觉。

这一个晚上,徐志摩睡得很香,那些无人可说甚至都不能对陆小曼说的话,终于在这一个夜晚,全数倾吐出来,他由衷地觉得快慰。

促膝把酒倾通宵都不够,也许这叫作知己。

此时王赓在上海,担任孙传芳的五省联军总司令部参谋长之职。

陆夫人和陆小曼一到上海,歇息了一日。第二日王赓去看望陆小曼,没想到吴曼华也随着陆小曼前来。事先没有接到消息的他很是惊讶,便开口问陆夫人怎么也一同前来了。

吴曼华此刻面对女婿十分尴尬，她本来想着也许是时候与王赓明言谈一谈了，可是到了嘴边的话却还是咽了回去，只是道："小曼身体不好，我怕到了这边，你工作忙，也没有人照顾她。便随着来了。"

　　"工作上的事情我也是无奈，但是小曼，我会尽力照顾好她的。"王赓沉默了两秒之后十分认真地说道。

　　陆小曼在一旁，自然是看得出母亲的尴尬，便开口道："这毕竟是我和赓之间的事情，让我与他谈便好。娘，你先去歇息吧。"

　　"也好。"吴曼华道出这两个字，便走出了客厅。

　　此时，陆小曼与王赓在这并不宽敞的居室里，寂静相对。成婚两载，他们从来没有心平气和地谈过心，也不曾这样在静默中相对过。

　　终于，还是陆小曼先与王赓开了口："赓，我知道你没有任何一点对不起我的地方。是我不好，与你成了婚还爱上了志摩。"

　　王赓知道，该来的还是要来，从前只有他含沙射影地说陆小曼与徐志摩的关系，而此刻妻子竟然坦言自己爱上了另一个男人，他一时不知道说什么才好，只能轻轻地"嗯"了一声。

　　"对不起。"陆小曼把这三个说得很清晰，也很认真。

　　"所以，你是打算离开我了？"王赓努力平复自己的情绪，可是还是带着颤声问出这句话。

　　"恋爱和婚姻终究是不一样的关系。恋爱里，没有约束，只有一方先不爱了，他就可以单方面终止恋爱关系。而婚姻不行，婚姻之于恋爱，多了一种担当吧。若是要结束婚姻关系，必须要双方都同意才可以。因为婚姻，就是对彼此做出的承诺。承诺了，就要为自己的承诺负责，不能自己不爱了就离开。也许在旁人眼里，甚至在你眼里，我都是一个只知道玩只知道穿的女子。可是，我不是。我也懂得担当和责任，即使我是个女子。"陆小曼的语气甚是平静。

　　木讷的王赓在此时更是不知道说什么好，他心里是绝不想让陆小曼离开他的。然而，陆小曼的话没有一个字不合道理，他怎么能够拒绝，

他许久都没有说话。

可是，陆小曼也没有说话。她在等待王赓，用从未有过的耐心。看着低着头沉思的丈夫，从前对丈夫的反感此刻全都烟消云散。看着身居高位的丈夫此刻像个犯了错的孩子不知道说什么，她竟也有了一丝心疼。犯错的人，明明是她自己呀。可是，此刻更为痛苦的人却是王赓。她甚至为丈夫感到一丝不公。

可是可是，世界上原本就没有什么公平可言。

陆小曼觉得自己的沉默有些残忍，她仍然在等着丈夫的妥协。因为，丈夫的妥协，意味着她的自由。

也不知过了多久，也许那段沉默的时光对于王赓来说，有如半生漫长。终于，他抬起了头，直视陆小曼的眼睛，用很慢的语速说："小曼，你让我考虑一下可以吗？"

陆小曼也直视着王赓的眼睛，不躲不闪地说："好。我尊重你的决定。"

陆小曼到底是陆小曼，冰雪聪明。她知道，王赓不可能不放她走。

王赓从沙发上站了起来，打算从客厅离开。他身后的陆小曼也站了起来，犹如一年前的每一个早晨，王赓离家去上班，陆小曼也总是会站起来目送丈夫走出家门。那样的目送，无关爱情，只是陆小曼的家教告诉她那是对丈夫的尊重。她亦有她的坚持。

只是，匆匆出门的王赓，从来没有回过头看见起身目送他的陆小曼。

然而这一次，王赓回过头想要说话。他讶然地看着站起来目送他的陆小曼，忽然心头充满了浓重的不舍。可是，王赓也骄傲的，他不允许自己表现出柔软的那一面。他尽力维持着原来的表情，问出本来想问陆小曼的话："明天的宴席，志摩也是要到场的，是吧？"

"是。"陆小曼先是点了点头，然后发出了这个短促的音节。

是。这样一个短促的音节在上海七月的炎热里，透着满满的冷意。

离　婚

　　同王赓把一切都讲了出来的陆小曼同样如释重负。她由衷地觉得轻快。然而，那个晚上，她很晚很晚都没有睡着。她侧卧在床榻之上，窗帘掩了一半。窗外白色的月光斜斜地射了进来，投在床前那片鹅黄色的地毯上，显出一种寂静的美好。

　　她心中有十足的把握，她与徐志摩的幸福时光就要到来了。可是她又实在没有那种由衷的快慰。她静静地看着房间里的一切，怎么也睡不着。其实只要王赓同意，她的父母同意，再去说服徐志摩的父母也同意，这桩事情就成功了。如今的第一个槛很快就要跨过去了，她却怎么也高兴不起来。

　　她试着在头脑里回想徐志摩的脸。可是她能记起徐志摩深邃的眼，以及眼睛里的灼灼光辉；她也可以记起徐志摩瘦削的脸庞，带着与众不同的轮廓；她也可以记起徐志摩最常戴的眼镜，金框的和无框的。然而，她却怎么也无法在脑海中把那些关于徐志摩的点点滴滴拼凑成一个完整的徐志摩。此刻，王赓的脸却无比清晰地映在陆小曼的脑海里。

　　她忽然觉得有一点悲伤。可是她又不知道那股悲伤出自于哪里。若说是对王赓的不舍，她心里确确实实是有一些的。可是若要她此刻放弃徐志摩再回到王赓身边，她是断然不愿意的。徐志摩才是她的选择。此

刻，自己的选择马上要成为现实了，她非但不觉得快乐，反而觉得有一点似有若无的悲伤。

陆小曼觉得哪里不对劲，可是又说不出是哪里不对劲。也许，只是因为这一切来得太过突然，让陆小曼毫无准备。

最后，是想得实在倦了，陆小曼就那样侧着身子睡着了。

第二日，陆小曼睡到下午才醒过来。

"惜君。"陆小曼醒来便唤惜君。

早就候在门外的惜君推门进来，道："小姐，你睡醒了？"

"给我倒杯热水来。"陆小曼只觉得喉咙里异常的干。

惜君转身，然后很快地提了一壶水进来，拿起杯子，为陆小曼倒了一杯，递给她。

陆小曼见门外的阳光甚是刺眼，便问惜君："此时是什么时辰了？"

"已经下午两点了。没想到小姐你睡这么久，我还以为你是起了床在做什么呢。"惜君道。

"那海粟请客是定在了几点？"陆小曼揉了揉蒙眬的睡眼问道。

"是五点。"惜君道。

"唔，那要赶紧起床梳妆了。"陆小曼说着便扶着床站了起来。

然而，站了起来陆小曼又觉得犹豫了，不知道应当穿什么好。她来上海，除了身上穿的那套裙子，只带了一身旗袍和一件衬衫、一条单裤。这种好歹算是正规场面的聚会她总不好穿着便服去。想来想去，她拿起那件旗袍套在了身上。然后站在镜子前打量自己。

那旗袍是丝质的，白色的底，带绿色的花纹。那花纹像是藤条一样的，以一种很优雅的姿态延伸在旗袍上，似乎带着一点西方时装的感觉。但它却又是绣在这一条带着盘扣，中式十足的旗袍上。那旗袍的长度，刚刚盖到膝盖，恰好露出陆小曼纤长的小腿。薄薄的丝贴在陆小曼身上，衬得她更加消瘦，消瘦得有些冷清。

陆小曼站在镜子前满意地笑了笑，她确实瘦了不少，此刻穿这件衣服显得格外地高贵。

穿洋装也许还可以把头发披散或者是简简单单地绑起来。可是若是要着旗袍还是要配盘头才显得得体。陆小曼坐在梳妆台前为自己画上淡妆，然后喊惜君过来为自己盘头发。

惜君便不疾不徐地为陆小曼盘发。

未及盘好，吴曼华便也来了陆小曼房间："小曼，准备好出发了没？"

"快好了，盘完头发就好。"陆小曼答道。

"嗯。王赓在客厅里等了你两个小时了。"吴曼华道。

"他来等我做什么？"陆小曼很是惊讶，难道王赓考虑的结果是不同意离婚？

"他说，此刻与你仍是夫妻。应该接了你我一同赴宴去的。这样也好，是合礼数的做法。

"嗯，那你告诉他，我就好了。"陆小曼面带微笑。

"好。"

片刻之后，陆小曼便走到了客厅，见到王赓，她先开了口："久等了。"

王赓看见身着白色旗袍的陆小曼，竟有些微微看得吃惊。妻子平时总是爱穿洋装，此刻穿着旗袍，是别有一番韵致的。可是陆小曼"久等了"三个字里带着的不是亲切和感动，而是客套和疏远，这一点，王赓听得很清楚。

王赓想也不想便回道："我也是刚到不一会儿。"

"嗯，那就好。"吴曼华明明告诉了陆小曼王赓已经等了两个小时，陆小曼也没有戳破他的谎言。

白日里的陆小曼只想快些与王赓离婚，奔到徐志摩的怀抱里去，如何有心思再为王赓感到丝毫疼惜。

陆小曼和吴曼华同王赓上了车,一起到刘海粟定下的酒楼——功德林素菜馆去赴宴。他们三人除了几句客套的寒暄,一路无言。王赓对答应陆小曼要考虑的事情只字不提,而王赓不提,陆小曼也不主动去问。她知道,王赓若是想好了,自然会主动告诉她的。

他们三人到了包厢里的时候,已经算是晚了的,包厢里的其他人都到齐了。陆小曼灵巧的眼一一扫过座上之人——徐志摩、杨杏佛、李祖法、唐瑛还有张幼仪的哥哥张君劢和唐瑛的哥哥唐腴庐。

这些人,与他们几个人的关系都算不得近,尤其是李祖法和唐瑛兄妹。陆小曼不禁露出疑惑的表情,刘海粟请这些人究竟是什么意思呢。待落座后,冰雪聪明的陆小曼还是发现了其中的微妙之处。唐瑛的左边坐着杨杏佛,右边坐着李祖法。而自己的左边坐着徐志摩,右边则坐着王赓。唐瑛的情形,与陆小曼的情形是极为相似的。原来,刘海粟这是请了两对三角关系的主人公。

显然,座上之人看着这一席圈内人圈外人都有的宾客,也不知道刘海粟葫芦里卖的是什么药。

只有徐志摩带着微微的笑意看着身穿白色旗袍的陆小曼轻轻地点了点头,似乎是回答她疑惑的眼神。

终于,刘海粟开了口:"今天大家能够赏光前来,实乃我刘某人的荣幸。难得我们这些文化圈子里的人都在上海,今日在座各位男男女女都有,我便想谈一谈那爱情与婚姻。"

此时,陆小曼已经明白了一半,这酒宴是刘海粟摆来劝王赓的。

"大家都知道,我刘海粟是当年逃过婚的人。若果当年我没有逃婚,怕也不能有今天的快活。让大家为纪念我逃婚,一起干一杯!"刘海粟说着举起了酒杯。

大家此刻还没有完全明白刘海粟葫芦里究竟是什么药,只能纷纷举杯配合刘海粟。

干了杯中之酒后,刘海粟接着说:"众人皆知,男女结合的基础是爱情。只有有了爱情，在一起才有由衷的快乐。如果婚姻不能建立在两个人感情融洽的基础上，尤其是两个人情趣不相投的话，这婚姻总归是一出悲剧。是以，没有爱情的婚姻是违背道德的。"

这番话一出口，宴席上的宾客们便明白了刘海粟的意思。这酒宴是徐志摩与王赓的一次公开交涉。一部分人被刘海粟说得很高兴，他们有爱。而另一部分人被刘海粟说得很尴尬，就如王赓和李祖法，他们有婚姻，可是没有爱。

王赓虽然在感情上有些木讷，可是此时此刻的意思，他是完全明白的。他明白刘海粟的意思，也知道自己与陆小曼的婚姻是无法挽回的了。他举着酒杯，款款站起身，得体地向刘海粟和徐志摩敬酒，也向在座的所有人敬酒。同时他带着笑意说出了他的敬酒词："愿我们都为自己创造幸福，也为别人的幸福干杯！"

这一番话，说得刘海粟有些吃惊。他没有想到王赓是如此通情达理。他的祝酒词无非是一种表态，他愿意让自己的妻子幸福，愿意让徐志摩幸福，也愿意祝福他们的幸福。

徐志摩听了这话，心中也是百感交集。那一小杯酒顺着他的喉咙划过，带着一阵褪不去的温热。他与刘海粟的想法并不一样，他认为，王赓这句话，并不是什么表态，而是一种回避。

果不其然，王赓敬了酒后，便推说有事先行离开了。这样尴尬的场面，他如何自处。自己的妻子爱上了旁的男人，如今还要在酒席上给他讲无爱的婚姻是违背道德的。他如何能够平静面对呢。更何况，撇去面子不谈，他心中仍然是深深爱着陆小曼的。酒席之上，陆小曼看徐志摩的眼神，都像一把钝重的刀一样在王赓的心脏上狠狠地刮来刮去。

王赓走后，这场"鸿门宴"算是结束了。

徐志摩明白，有些话，刘海粟去说不行，陆夫人同意了也不行，即使是作为妻子的陆小曼与王赓去谈也不行。那些话，非得徐志摩自己和王赓表态才作数。

宴会结束后，徐志摩就给王赓写了一封英文长信。信里字字诚恳，既写出徐志摩对陆小曼的深情，也写出了徐志摩对王赓的敬重和愧疚。

可是爱终究是一种发自内心的感觉，不是凭借理智可以控制得了的。

然而，这信发出了许久，徐志摩也没有得到王赓的回信。他坐不住了，又给胡适写了信——

前晚我写了封快信，昨天经过的事实根本取消了那信里的梦想，所以幸亏不曾发。事情越来越像Farce了，F百二十分的愿意做"开眼"；M百二十分的顾忌；我的百二十分什么也就不用提了。惨极亦趣极，见面再详谈吧。我昨晚看了爸妈可怜的情形也很动心，随便把自己毁了，不怎么交关，但结果还得连累无罪的老亲，实在有些不忍，所以很想摇一摇头，忍忍痛暂时脱离了病态的心理再说……我还得探一探西湖，一半天至少。

这信里，三个人的态度很是明确。Farce是指闹剧。而F则是指王赓，王赓是绝对的通情达理，他松了口，可是又不立即与陆小曼离婚。而此时的陆小曼，自然是有许多顾忌。然而徐申如对这件事，却是持反对的态度。徐志摩一向孝心深种，旁人再怎么非议他都无所谓，唯独父母的感受他最为在乎。

徐志摩仍然住在刘海粟家，没有离开上海。他在等待陆小曼和王赓离婚的消息。

可是这消息，偏偏迟迟不来。

而这时的陆小曼，反倒不忍心去步步紧逼丈夫了。自那功德林宴席后，陆夫人便回了北京。陆夫人本来是想再陪小曼的，可是小曼明白，关于王赓的事情，她总要自己处理。而母亲于其中的尴尬和为难陆小曼是十分明白的。

陆夫人走后，陆小曼便搬到王赓处去住。日日与他朝夕相处。有好几次，同王赓相对无言的时候，陆小曼都想问王赓他考虑得怎么样了，可是她始终不好意思开这个口。

陆小曼仍然尽力做到身为一个妻子应当做到的事情，因为她知道，自己与王赓的夫妻之分，很快便要尽了。陆小曼不开口去问，这是她能给王赓最后的温柔。

终于，在那样一个晚餐后，王赓开了口："小曼，你说过要我考虑一下做决定。如今我考虑好了。"

陆小曼的心里怦怦直跳，但她仍然保持着平静："嗯，你的决定是什么？"

"我同意与你离婚。"王赓说话的时候垂下了头。

"嗯。"陆小曼轻轻应了一声，沉默了一会儿，然后又道："谢谢你，赓。"

王赓忽然意识到，他还有许多要与陆小曼说的话都没有说。若是此刻不说，怕是再也没有机会说的了。他缓缓抬起头："小曼。"

"什么？"陆小曼也转过头去看着丈夫。

"我是爱你的。"王赓说这句话的时候，稍稍提高了音量。

陆小曼听了这话，面上的表情僵住了。结婚这么多年，王赓一句甜言蜜语也没有对她说过，如今竟忽然对陆小曼说了一句表白的话。陆小曼忽然不知道该说什么才好，她缓缓低下头。

"小曼，你不用回应我。我只是觉得这话，若是此刻不说，怕是以后都再也没有机会说了，怕自己后悔而已。"王赓说完，释然地笑了一下。

他终于决定放手了，放手得这样有风度，放手的时候脸上都带着笑。然而他的笑，陆小曼却是没有看见的。陆小曼始终低着头，不知道说什么才好。

最后,王赓在餐桌旁起身:"下个周一我便同你去办手续。"

陆小曼也随着王赓起身:"好,我们行个拥抱礼道别吧。"

陆小曼和王赓在显得有些空旷的大厅里拥抱,陆小曼感觉到王赓抱着她的双臂很轻很轻,却带着温热。

那一个瞬间,她忽然觉得有些不舍。

可是那不舍,也稍纵即逝。

秘 密

待办妥了离婚手续,陆小曼才得知,徐志摩已经回北京去了。也罢,这事情拖延了这样久的时间,徐志摩自然是在上海待不住的。陆小曼还是在上海给徐志摩拍了一封电报,告诉徐志摩自己也即将回京。

而徐志摩对他们离婚的事情,却是先于陆小曼知道的。王赓在饭桌上告诉陆小曼他同意离婚之前,他回复了徐志摩当时写给他的那封英文长信。他告诉徐志摩,自己同意与陆小曼离婚,并且嘱咐徐志摩好好照顾陆小曼。

徐志摩收到王赓的信,心里的一块大石头终于落地了。他不得不对与自己同门的王赓生出敬佩之情来。那封回信很短,却还是写上了这样的字句:"我们大家都是知识分子,我纵和小曼离了婚,内心对你也并没有什么成见;可是你此后对她务必始终如一,如果你对她三心二意,给我知道,我定以激烈手段相对的。"这段话里,徐志摩看出了王赓的品格。信这样简短,这段话肯定不是客套之语。徐志摩也看得出,王赓是还爱陆小曼的。在这样的情况下,王赓毫不纠缠地同意与陆小曼离婚,还写这样的话给徐志摩。实在是可以从中看出王赓的胸怀了。

徐志摩亦郑重地给王赓回了信,表示自己一定会好好照顾陆小曼。既然已经得到了王赓这样的答复,若是还守在上海不走,实在是给人一种他在催促王赓的感觉。王赓既然对他如此坦然，他也绝不会让王赓有半点难堪。于是，收到信的当日下午，徐志摩便乘火车返回北京了。

陆小曼回北京的时候，徐志摩已经在北京接办《晨报副刊》了。

北京的天气，已经忽然凉了下来。呼啸而来的风里也带着不友善的凉意。街道两旁的大树上，绿叶变成了黄叶，再也看不到丝毫生机。可是此刻的陆小曼心境却异常平和，自古以来秋来生悲，可是此刻的陆小曼丝毫不觉得有任何悲切之感。她安静地坐在自己的庭院里，看着天空之中向南迁徙的飞鸟。

"小曼！"陆小曼闻声回头，是徐志摩的声音。

"摩，你来了？"如今徐志摩已经可以自由地出入陆家了。

"眉，我在中街租了一处院子。想要你来和我同住。"徐志摩脸上带着喜色，他终于可以和他的小龙在一起了。

"想必是可以的，但是我还得和母亲大人商量一下。"陆小曼也露出了笑容。

徐志摩见四下无人，便轻轻拥住了陆小曼，在她耳畔到："那现在你要不要同我去看看那院子。你若是不喜欢，我再去物色物色别的。"

"好。不过我相信你的眼光，一定是又舒服又美观才入得了你的眼。"陆小曼的心情也甚是欢喜。

陆小曼说着就同徐志摩出门去看那院落。那院落并不大，却精致得很。通院都是很中式的风格，院子里面有一条并不是很长却看起来很幽深的回廊。回廊两边镶着许多条盘旋着的细小花纹，陆小曼凑近了一看，那竟是许许多多条细小的龙。虽然模型做得小了些，可是龙的情态却未减半分。那些龙雕刻得很细致，栩栩如生，仍带着龙本身的气势。

龙龙一直是徐志摩对陆小曼的爱称，此刻陆小曼不禁觉得惊喜，便叫了出来："这是龙的图案！"

"喜欢吗？"徐志摩在陆小曼身后带着笑容问。

陆小曼回身又抱住了徐志摩道:"喜欢,太喜欢了。"

徐志摩也拥住了陆小曼:"你喜欢便好。"

陆小曼的脸上,带着甜甜的笑容,目光里的柔情直直洒在徐志摩脸上。徐志摩情不自禁地俯下身去,轻轻在陆小曼额头吻了下去。

陆小曼眯起眼,夕阳的余晖洒在她的面庞上,她在这透着寒凉的深秋感到格外温暖。

过了三日,陆小曼同家里打了招呼,便带着惜君搬进了徐志摩的庭院。

然而正当幸福就要来临的时候,陆小曼却怀着隐隐的担心。她已经快要两个月没有来例假了。她与徐志摩同住,没有办法请家庭医生来检查。

终于,她还是趁着徐志摩不在,对惜君说了自己的隐忧:"惜君,我已经两个月有余未曾来例假了。你说,我要不要去医院检查一下?"

"我也发现了。只是小姐你不说,我也不敢问。"惜君小声道。

"我只是以为是我身子虚,只是晚些来。没想到晚了这么多,如今我也是不敢再拖的了。"周遭除了惜君之外并没有其他人,可是陆小曼的声音仍旧很小。

惜君沉默了一会儿,算了算日子,知道孩子应当是王赓的,问道:"小姐是不打算告诉徐先生的吧?"

"这是自然。"

"这毕竟是一桩要紧事。不然,我们让夫人帮你联系一个秘密诊所,去检查一下。毕竟,夫人的人脉广一些。"惜君冷静地说。

"惜君,你听我说,这件事,我是不打算让任何人知道的。你想,任何一个人知道了都可能让王赓知道,他若是知道了,怕是一定要我把孩子生下来的。即使是母亲,也断断不可以。她若是知道了,只怕还会让我和王赓在一起。"这些,陆小曼都在心中权衡过许多次了。

"嗯,惜君明白,惜君不会和任何人说的。"惜君抿了抿嘴,接着问陆小曼,"小姐,你除了例假没有准时之外还有别的反应吗?比如恶心想吐什么的。"

"恶心是时时有的。旧时我吃不下东西,吃了东西就恶心,你也是知道的。"陆小曼平静地回答。

"嗯,如今,怕是只能去医生那里瞧瞧了。只不过医院是决计不能去的,那里的医生,怕是都认识小姐你。"惜君倒也是心细。

"那么我们去哪里呢?请医生回来也是不可行的。回来的话,瞒不过志摩的。"陆小曼说。

"我倒是知道一个地方。但是不知道那里能不能做这方面检查。"惜君的眼球灵巧地一转。

"什么地方?"

"是一家德国人开的诊所。许多太太小姐要整形塑身都去那里,保密性非常好。医术应该也是靠得住的。"惜君道。

"那地方远么,怎么预约?"陆小曼动心了。

"在城郊。我记得那时候张家太太给我过一张名片。可能在老夫人家放着没有带过来。小姐若是想询问情况,我一会儿去取来便好。"

"嗯,若是可以,我们就去那里检查。"陆小曼言罢便去内室歇着了。

待晚上用完了晚饭,惜君果然悄悄塞给陆小曼一张名片。陆小曼瞥了一眼那张名片,黑灰色调搭配淡卡其色,让人看了感觉很舒心。陆小曼此刻已经有半分信任这诊所了,仅仅是因为一张名片的设计。

第二日,陆小曼又是趁着徐志摩离开的时候打电话过去询问。当时还没有问及能不能堕胎,只是问有没有妇科检查。然后听筒那边传来很肯定的声音"是可以的。"那诊所倒也不算火爆,随时都会有空闲的医生。陆小曼随即预约了日子,在第二天的下午。

到了次日下午,陆小曼换好了衣服后递给惜君一顶帽檐很大的帽子。

"小姐这是怕被认出来？"惜君说着戴上帽子在镜子前比一比，果然一低头就可以遮住大半张脸。

"自然是。"陆小曼拿起另一顶颜色更深一点的帽子，扣在自己头上。她望着镜中自己的模样，觉得有些滑稽，嘴角不由挑起一个微笑。

惜君看着陆小曼脸上那不易察觉的笑意不禁感叹。即使是在这样的时刻，陆小曼还是能够因为这样的趣事笑起来，无非是因为知道有徐志摩在自己身后吧。

因为知道你就在我身边，所以觉得心安。

陆小曼亦没有乘坐自家的车子去郊外，而是提前租了一辆车。

这一切，她都做得足够秘密。

当然，检查的结果还是没有让陆小曼逃过一劫——她的确怀孕了。而且，若是要堕胎，那么最佳时期就是附近。

一直以来的怀疑终于被验证，陆小曼心中的恐惧反倒是消减了些许。她并不害怕，该解决的总要解决。

"小姐。"回去的路上惜君和陆小曼一路无言，惜君终于叫了一声陆小曼。

"怎么了，惜君？"

"你打算怎么办？不要不说话，惜君有点害怕。"惜君的语气好像怀上孩子的不是陆小曼，而是她。

"还能怎么办呢。"陆小曼的意思是只有打胎一条路。

惜君沉默了一会儿，还是问出她最想问的问题："若是不告诉姑爷，是不是对他十分不公呢？"

陆小曼当即皱了皱眉，道："不要叫他姑爷，我同他已经再无瓜葛。"

"是。"

"我不告诉他，是对他不公平。他有知道的权利。可是我若是告诉他，也只不过是平添我们二人的痛苦罢了。"陆小曼说罢把头转向了一旁，专注地看着车窗外的景色。

她心中想得更多的，倒不是要不要告诉王赓，而是要不要告诉徐志摩。其实，她心里是很怕的。她无法想象手术刀从她身体中取走她的孩子时她会是怎样的感受。在那样的时刻，她希望徐志摩能够在一旁陪伴她。可是可是，若是告诉了徐志摩，徐志摩心里又将作何感受呢。

到时候，只怕是把自己的纠结和迟疑转移给徐志摩而已。并且到时，陆小曼也未必会比此刻好受多少。若是看着自己心爱的志摩难受，自己的心里又怎么会好受呢。

晚饭，徐志摩在餐桌两旁点起了两根淡粉色的蜡烛。桌上摆着两碗飘着香气的奶油蘑菇汤，中间摆着几只烤蒜蓉面包和一小份切好的猪扒。

陆小曼很讶异地说："怎么想起来吃西餐了？"

"这叫作烛光晚餐。"徐志摩洋洋得意地道。

"有了蜡烛，便是烛光晚餐了？"陆小曼看着徐志摩得意的样子，觉得很是可爱。

徐志摩优哉答道："有了烛光也许可以是烛光晚餐，却还不是罗曼蒂克的烛光晚餐。"

"哦，那怎么样才算是罗曼蒂克的烛光晚餐？"陆小曼饶有兴味地问道。

"要有烛光，有佳肴，还要有才子佳人才算。"

"此处有烛光，有西餐，还有徐某和陆某，果真是名副其实的'罗曼蒂克的烛光晚餐'了！"陆小曼很配合地做出恍然大悟的表情。

"眉，你总是这般可爱。"徐志摩由衷地说。

这时天色已经完全暗了下来，徐志摩又没有打开灯，整间屋子里都靠着两支蜡烛来照明。因此，徐志摩并看不清楚陆小曼忽然沉重下来的表情。她在那黑暗里明亮的烛光下，缓缓说："若是生活里没有了这般趣味，可爱又能如何呢。自然也是没有人可以懂的。若是能够换一个懂的人在身旁，那么付出多少都是应该的。"

徐志摩还不知道陆小曼怀孕的事情，可是他也听得懂陆小曼话里的忧郁来，还以为是她是在想着过去的波折，便道："过去的愁怨，又何必再想起来为难自己呢。不要再去想了。"

陆小曼轻轻"嗯"了一声。沉默了几秒，又抬起头对徐志摩说："志摩，我怕是要回家住几天。母亲近来身体不好，想叫我陪她几日。毕竟，日后可能都没有什么机会陪伴在她身旁了。"

"嗯，好。你什么时候回去？"徐志摩丝毫没有想到妻子是在骗自己。

在暖黄色的烛光里，陆小曼还是可以看到徐志摩双眸里满满的爱意，她竟然不敢和徐志摩对视了，垂下头道："明日吧。"

第二日一早，徐志摩便把陆小曼送回了陆家。与陆夫人寒暄了几句便转身去新月社了。而陆小曼也并没有在家里住，陪陆夫人吃了午饭后，她便和惜君离开了陆家，坐上了那辆陆小曼早就租好的车。

目的地是那家私人诊所。

那两个眼眸内只能看得见黄色手术灯和白色天花板的小时，陆小曼是无论如何都不想在她余下的人生里回忆起来了。虽然是打了麻药，她还是能够感受到那尖锐的疼痛，伴着阵阵恍惚侵袭着她。她身子本来就弱，加上堕胎的时间有些晚了，手术的时候大出血。她亦是陷入了昏迷之中。

待陆小曼睁开眼，她已经躺在了那诊所的病房里。那病房不大，安静地放着一张双人床，一个梳妆台，一张餐桌，还有一面书架。竟然有些不像是病房，倒像是一间卧室了。

卧室的门被推开，走进来的人是惜君："小姐，你醒了？"

陆小曼侧过头望着她，道："我是又昏迷了吗？"

"是的。"惜君右手的食指和拇指紧紧握着左手的食指，似乎有什么话说又咽了回去。

陆小曼虽然刚刚醒来,但还是目光敏锐,她道:"惜君,你想说什么?"

"没有什么。只是小姐你起码要休养一个礼拜才可以出门去。"惜君道。

陆小曼微微闭上了眼睛,她觉得自己不祥的预感成了真,她用很小却很清晰的声音问惜君:"我可是留下了什么后遗症?"

惜君抿了抿嘴唇,没有说话。

"你何必瞒着我,难道瞒得了这一日,瞒得了我一辈子?"陆小曼接着说。

"小姐,并不是惜君想瞒着你。只是你刚醒来,怕是没有完全康复。惜君想等你好起来再告诉你罢了。"惜君道。

"如今你这样不告诉我,我吊着一颗心,如何能休养好。你若不要告诉我,我去问医生也是一样的。"陆小曼说。

"小姐,你日后怕是生不了孩子了。"惜君终于说了出来。

陆小曼一怔,她与她的志摩,还从来都没有憧憬过孩子的事情。只是,她能够感受得到,徐志摩是喜欢孩子的。然而她还是勉强在脸上挤出一个笑,也不知道是对惜君还是对她自己说:"这有什么。纵然没有孩子,我和志摩的生活也是快乐的。有了志摩,一切足矣。"

相 拥

　　一个星期后,陆小曼同惜君回到了中街的那处院落里。陆小曼嘱咐过徐志摩,不要写信或者是亲自到陆家去。这七天,他们二人可谓是一点联系都没有。刚刚在一起便分别了七天,对于徐志摩来说,可谓是度日如年。

　　"小曼,你可算是回来了。"徐志摩一见她便紧紧抱住了她。

　　徐志摩抱得是那样的紧以至于陆小曼都觉得有些痛了,然而她在那细微的痛楚中感觉到的却是如此真实的幸福。为了这真实的幸福,陆小曼做什么都值得了。

　　"很想我呀?"陆小曼说。

　　"嗯。"徐志摩拥着陆小曼,"适之要去南方养病,我们托他给父亲说说。父亲知道胡适和我的关系,也欣赏胡适,一向最信他了。"

　　"那好。"陆小曼伏在徐志摩怀里。

　　两人用了晚饭后,便一同在书房里给胡适写信。本来是徐志摩坐在那里给胡适写,陆小曼搬了个凳子在一旁看着。

　　可这是一封长信,陆小曼在一旁看着也很快就觉得无聊了,便双臂环着徐志摩的腰道:"要不我和你一起给他写呀?"

"胡闹，写信这事情还能两个人一起写的？"徐志摩道。

"怎么不能，写书都可以两个人合著呢。"陆小曼见徐志摩不愿意，已经轻轻噘起了嘴。

"也罢也罢，你既然要一起，那就一起。"徐志摩道。

说罢，小曼已经拿起了笔，在徐志摩写好的问候下面写上了功课的事情。徐志摩本来准备用第一段问候胡适的病情，但是陆小曼已经写上了功课的事，他也只好接着写下去。在第二段问候病情前，又写上一段："方才我说正经话，本来想问你病情的，谁知那小顽皮抽空儿给我写上了功课事情，所以也就接着写了。"

至于他与陆小曼现在最着急的事情，已是拖到第三段写了。他们告诉了胡适，现在陆小曼从陆家搬了出来，他们已经住在了一起。所有的隔阂和非议都没有了，剩下的只有甜似蜜糖的日子。如今陆家夫妇也很是体谅他们，放了小曼出来与徐志摩同住。然而，终归不能一直这样下去，此时还是要一个名分的，也就是正式与陆小曼结婚。若要正式结婚，徐申如是必须要来北京一次的，至于他能来与否，还是要靠着胡适在徐申如面前为他们说说话。他们又告诉胡适，应该说清楚的事情至少有这几点："第一，小曼是怎样一个人；第二，他和小曼的感情到了何种程度；第三，这回小曼离婚纯属彼父母的主意，因为彼父母同看着王赓对小曼有极不堪的情形，不由得他们不反过五十年的旧脑筋决定离婚，并且将来再结婚也得她二老的主政。至于他和小曼热情的浪漫当然讲不到也用不着讲。一定让他父亲明白王赓夫妇并不是被他拆散的。第四，我爸妈待我太好了，我有大事不能不使他们满意，因此我要爸（妈能同来当然更好）来，亲自来看看眉，我想他一定会喜欢她的。"

对于徐申如，徐志摩只希望他能够来京。他来了北京，亲自去陆家和小曼的父母谈，这件事才有眉目。因为虽然是再嫁，可是凭着徐家和陆家两家的名望，必须要是风风光光明媒正娶，不能草率了事。

然而，徐申如对陆小曼的印象并不好。徐申如上次来京，是见了陆小曼的。当时徐申如对徐志摩说陆小曼纯粹是一个小孩子，跳跳蹦蹦的。况且，当年那书信的事情，在上海传得沸沸扬扬，他一定又听到了许多不好的传闻。此刻只怕对陆小曼的印象，只有更差没有更好。所以，此刻这信，徐志摩也是写得万分用心，只盼着父亲能多了解了解小曼，能够感受到她的可爱。

信的空白处，小曼见了，也要再添上几句话："先生，他这封信写了三天——你问他怎样写的？"。还有"摩好福气，娘爱他极了。"最后一条竟是："先生！并非是我老脸皮求人，求你在他爹娘面前讲情，因为我爱摩，亦须爱他父母，同时我亦希望他二老亦爱我，我受人的冷眼亦不少了，我冤的地方亦只你知道。"

徐志摩看了调皮的小曼加的话，笑着弹她的脑袋："你这小顽皮，竟嘲笑我写信写了三天？"

"我说的是实话，难道你没有写三天？"陆小曼脸上带着狡黠的笑。

徐志摩看着陆小曼脸上的笑，不禁深深觉得，为了这一个笑，叫他付出所有都心甘情愿。

此刻的他还不知道，他的确为着这笑付出了所有。

不多时，胡适便给徐志摩回了信，说徐老先生还要听张幼仪的意见才可同意。

在徐申如的眼里，不管是离婚文书还是离婚声明都是算不得数的。唯有亲耳听见张幼仪说同意才作数。就算张幼仪同徐志摩没有关系了，张幼仪也还是徐申如的儿媳，也还是徐申如孙子的母亲。这几年，徐申如一直还是当张幼仪是自己家人。她每年在德国的学费，都是徐申如按时寄过去的。徐申如一直因为徐志摩的所作所为而对张幼仪心怀愧疚，如今在徐志摩再娶这件事上，对张幼仪是百分之一百的尊重。若是张幼仪说不同意，徐申如断断不会同意徐志摩同陆小曼的婚事。

张幼仪接了电报便匆匆回国，于一九二六年初到了北京，然而因为战事波折，这年夏天她才到了上海。

这日,张幼仪穿了杏色的套装,显得得体又贤淑。她先是到娘家见了父母,而后又到旅馆去见公婆。

徐申如夫妇同徐志摩一起在起居室等待张幼仪。张幼仪进了起居室,先是对徐申如和徐夫人各鞠了一躬,而后又对站在一旁的徐志摩点了点头。

起居室摆了一条长长的沙发,张幼仪行了礼便坐在了沙发的一头。而徐志摩则坐在另一头。虽然徐志摩坐的位置离张幼仪很远,可是他手指上的玉戒指她却看得很清楚。那翠绿的色泽似乎要从戒指上滴了下来一般。

张幼仪识得这玉,这玉叫作"勒马玉"。是因一个典故得名:相传古时候有个太子曾用他的玉戒指指着一匹对他猛冲的马,因此而救了自己一命。因为那匹马一看到鲜绿的翠色,以为是草,便下意识地低下头来瞧。

正当张幼仪看着那戒指的当儿,徐申如开口了,语气里是前所未有的郑重:"幼仪,你同志摩离婚是真的吗?"

张幼仪端正了身子,用同样的郑重回答:"是。"

徐申如的表情里多了一分难过的神色,又问:"那你反不反对他和陆小曼结婚?"

张幼仪想了一下,回答道:"不反对。"

张幼仪这三个字一出口,徐志摩激动得从沙发上跳了起来,轻轻呼了一声。同时他下意识地伸开手臂,仿佛要给面前之人一个胜利的拥抱。然而,正当他伸出手臂的一刹那,他手指上的玉戒指也顺势滑了出去。他站的地方离窗子极近。坐在他对面的张幼仪眼看着那枚玉戒指顺着窗户飞了出去。徐志摩的面色一下子由无尽的喜悦转为惊惶,他急急奔下楼去,在楼下的草坪上寻找那枚戒指。

可是,他找遍了所有的地方,都没有找到那枚戒指。这旅馆很是高级,几乎没有几个人住,自戒指掉下来并没有别的人经过,不可能被别人捡走。然而,戒指怎么可能自己凭空消失呢。

徐志摩百思不得其解。那是陆小曼送给他的订婚戒指,然而他却在这个本来是大喜的日子把它弄丢了,实在是不好的征兆。

就因为这,徐志摩恍惚了一个晚上。

至此,可以说所有挡在徐志摩和陆小曼爱情路上的阻碍都一一清除了。然而,马上要迎来新生活的前夕最记挂的还是旧爱。

况且,又正赶上了林长民逝世的消息。

徐志摩得到了消息,当即写了一篇散文刊登在《晨报副刊》上,里面有这样的字句——

最可怜的是远在海外的徽徽,她,你曾经对我说,是你唯一的知己;你,她也曾对我说,是她唯一的知己。你们这父女不是寻常的父女。"做一个有天才的女儿的父亲",你曾说,"不是容易享的福,你得放低你天伦的辈分先求做到友谊的了解"。

徽,不用说,一生崇拜的就只你,她一生理想的计划中,哪件事离得了聪明不让她自己的老父?但如今,说也可怜,一切都成了梦幻,隔着这万里途程,她那弱小的心灵如何载得起这奇重的哀惨!这终天的缺陷,叫她问谁补去?佑着她吧,你不昧的阴灵,宗孟先生,给她健康,给她幸福,尤其给她艺术的灵术——同时提携她的弟妹,共同增荣雪池双栝的清名!

这样的文字,林徽因在海外不会看不到。

大约是在六月的时候,林徽因给徐志摩拍来电报,大意是对徐志摩很是想念,希望得到他的来函。

徐志摩不得不说,那封电报有些漾动了他的心神。

他一直觉得,真爱是唯一的。然而每当思绪里多了林徽因这三个字,他总觉得困惑。从前在剑桥的时候,他对林徽因是切切实实的爱,没有半分虚假。那时,梦里都是她飞扬起的裙袂和柔软的发梢。他记得伦敦春季带着无限温柔的风,那风吹送着他与林徽因间绵绵不绝的浪漫诗意。旧时,每当回想起这段记忆的时候,他的嘴角总是在不经意间上扬。

然而此刻,他回忆起当时的情景,却觉得一阵恍惚。此刻,他是深深爱着陆小曼的。他能感觉得到,陆小曼就住在他的左心室里,不论他去到哪里,陆小曼都就在他身边。有一段日子里,他把自己对于林徽因的情愫归于特定时期的错觉。同样是在那段日子里,他开始渐渐放下林徽因,甚至无暇想起林徽因。

可是如今,一封电报,又让徐志摩回忆起过往种种。

是的,他想她,可是终究是怀念而不是思恋。

他给林徽因发回很是客套的电报,嘱咐她保重。

就是这封电报,反而让徐志摩认定了——他茫茫人海中的唯一伴侣,是陆小曼。

第 六 卷

飞红万点愁如海

第六巻

成 婚

梁实秋有言曰:"北海有两个好去处,一个是濠濮间,曲折自然,有淡雅之趣,只是游人多了就没意思,另一个是北海董事会,方塘里一泓清水,有亭榭,有厅堂,因对外不开放,幽清宜人。"

此时正是中午十二点钟,北海董事会汇聚了百八十人。杨今甫、丁西林、陈西滢、任叔永、邓以蛰等一干名士都在场。女子们身上的脂粉味香飘四溢,整个北海都弥漫着这种混合的香味——似乎是兰花香,仔细一闻又似那桂花香,再嗅半晌,似乎又有些蔷薇的味道了。在这香味的渲染下,整个北海都透着些欢愉的气息。男士的袖口透着欢愉,女士的裙袂也透着欢愉。

站在那众人目光下的一对璧人,脸上也透着欢愉。男子身上穿着一身黑色中山装,胸口别着一只银质的胸针。那胸针上是三朵羽毛,加起来有拇指大小,给他多少有些暗淡的着装点缀了亮点。而站在他身侧的女子,则穿了一身白色的纱裙。那纱很轻很轻,然而堆叠了许多层,显示出一种高贵典雅来。裙子刚刚漫过膝盖,露出女子纤细好看的小腿来,透出几分性灵。

司仪放下手中的纸卡,刚刚宣读完一段话。站在台上的爱侣紧紧握着彼此的手,凝视着对方。他们的眼里写着无限爱意。似乎任天崩地裂,也不能让他们的手松开，也不能使他们的目光移开半寸。

那一天是一九二六年八月十四日。这日子公历看起来虽寻常，农历却是七月七日，正是牛郎织女鹊桥相会的七夕节。

金风玉露一相逢，便胜却人间无数。

正是这一天，徐志摩同陆小曼订婚了。

订婚是订婚了，可是离结婚，还是有一段路要走。

最大的问题便是证婚人的问题。两个人结婚，证婚人请谁是一个很重要的问题。当时，关于证婚人，徐申如心里的最佳人选是梁启超。一来是因为梁启超在当时的社会地位是很高的，由他做证婚人，徐陆两家对于面子的顾虑都可以消除；二来梁启超是徐志摩的老师，算是长辈，凭借他的身份分量重一些。

徐志摩给梁启超去信，然后得到的是拒绝的答复。

相比于徐志摩，陆小曼倒是不十分在乎证婚人是谁，看着徐志摩忧郁的样子，陆小曼在他耳边道："在我看来，只要能够在一起便好，请谁做证婚人，是不妨碍的。"

"可是小曼你也知道，我父亲对我们的婚事始终不是特别支持的态度。然而老师却是他心中很敬重佩服的人，若是他能来，我们便能获得许多认可。"

"我怎么能不知，可是如今我们是请不来他。不如定成胡适，毕竟，我们两个能在一起，脱离不了他的相助。他也算是我们两个爱情的见证者，请他做证婚人，也是十分合适的。"陆小曼道。

徐志摩道："也好。"

就这样，证婚人定成了胡适。可是过了一个月又接到胡适的消息，他有要事要出国一趟。

胡适此时也感到十分抱歉，便写信给梁启超，说明了自己的不便以及对他做证婚人的热切希望。梁启超还是推脱了一次。胡适又再三请求，他才答应下来。

至此,才可谓万事俱备了。

十月三日,农历八月二十七日,孔诞日。

前一晚,徐志摩没有拉窗帘。当天空泛起鱼肚白的时候,晨光射进徐志摩的房间,温柔地唤醒了他。他缓缓张开眼,却并没有起身。他侧卧在床榻边缘,口中喃喃道:"农历的八月二十七,是孔诞日。"

其实一九二六年的农历八月二十七日,不仅仅是孔诞日,还是徐志摩与陆小曼步入婚姻殿堂的日子。

经过无数折磨,越过无数阻挠,他终于走到了这一天。

又在床上眯了一会儿后,他起身为自己洗漱好。然后拿起平铺好的早已被摆在床边的长袍马褂为自己换上。按婚礼的规定,必须要穿着长袍马褂。穿戴好了衣衫,徐志摩听到门外有声响,便推开门。

只见金岳霖正朝他的卧房走来,见他开了门便道:"莫不是我与你心有灵犀,未等我敲门你先为我开门了!"

金岳霖作为伴婚人,也穿着长袍马褂,这还是徐志摩第一次看他穿长袍马褂,不禁笑了:"金兄穿这衣服倒是很合身呐!"

"我本来都已经订好了一身西服,没想到,参加你这婚礼必须要穿长袍马褂。不穿不行,没办法了,我便找了陆小曼的父亲借了这一身,自然有些宽松,徐兄竟然取笑于我!"金岳霖抱怨了一通,却还是面上带着笑,"却说你这身行头是哪里来的?"

"哈哈,我这长袍马褂可算是婚服了,哪里能够借,是定做的。岳霖你也莫要抱怨,我不也是穿西服更英俊些?如今这大喜之日,还不能以最英俊之面目示人,岂不悲哉!"徐志摩回应道。

"哪里看得出你'悲'?满面都是止不住的笑意!"金岳霖打趣道。

两人说罢,便一齐出了门。门口早已停妥了两匹深棕色的骏马候着他们。其中的一匹胸前挂着一朵巨大的红花,它的大眼睛一眨一眨,显得纯真极了。徐志摩第一次发现，原来马也可以是这样可爱的动物。他回头望了一眼金岳霖，翻身上马。金岳霖也随即骑上另一匹马。

他们二人带着大队人马停在了陆家门口。

等了一刻钟有余，然后陆家的大门缓缓开启。徐志摩看到四个侍女分成两边，徐徐走了出来，身上皆穿着红色的西服，宽大的袖口摇摇晃晃，胸前挺着一排深红色的盘扣。徐志摩注视着陆家的大门，终于看到了惜君的身影，她搀着蒙着红盖头的陆小曼，款款从陆家门内走出。陆小曼也穿着红色的汉服，身后有两个侍女为她拖着裙摆。

六人齐抬的花轿早已经落在陆家大门正对着的地方等候，陆小曼走到了轿子边上的时候，惜君小心提醒她先停下。然后一旁的轿夫为陆小曼放下一块垫脚的木板，呈三级。而后陆小曼便迈着小碎步上了轿子。

陆小曼的脸埋在盖头里，待和惜君在轿子里坐稳了之后，对身旁的惜君抱怨道："好闷呀，可不可以取下来！"

按规矩来说，是不可以取下来的。可是惜君深知陆小曼是不理会那些规矩的，若是为了那规矩舍弃了自己的洒脱，是万万不值当的。所以惜君笑着对陆小曼说："觉得不舒服便取下来啰，哪里还管可不可以！"

陆小曼闻言一把取下盖头来，笑着向惜君道："你这丫头，倒是懂我。"

惜君轻轻地笑着。

过了不一会儿，陆小曼又轻轻对惜君说："你这般懂我，我倒更舍不得叫你走。"

"小姐要叫惜君走？"惜君大惊。

陆小曼带着毫不掩饰的落寞道："惜君也是要嫁人的呀。难不成同我过一辈子？"

惜君沉默了片刻，然后很认真地说："不瞒小姐说，自我初见到小姐，同小姐一起读书时，我就已经打定了主意不婚嫁了。"

"惜君,若是这一生没有与心爱的人在一起过,你会后悔亦会遗憾。"陆小曼道。

"婚嫁同与心爱的人在一起,哪里是一回事。"惜君心直口快。

陆小曼闻言点了点头:"是,我当年就是因为不明白这个道理,才费了这么多波折与志摩走到一起。你倒是看得通透。"

惜君伴在陆小曼身边,可以说是与她一同经历了这些是是非非,这个道理,她怎么会到了现在都不明白。陆小曼大婚的日子,惜君不想把话题过多扯到自己要不要婚嫁这个问题上,便不再接话。

他们一行人走在北京的街道上,浩浩荡荡,犹如一条红色的龙。

片刻之后,这条红色的龙在北海东岸稳稳地停下。

徐志摩骑在马上,抬头一望,乾隆亲自题写的三个字——"画舫斋"映入眼帘。这画舫斋是清代行宫建筑,又称水殿。四周的幽静庭院围绕着正中央的方形水池,显出一种对称的工整美感。庭院里回廊四匝,环回曲折,又透着一种深远雅致的感觉。这画舫斋中,南为春雨林塘殿,东西镜香观妙室,西北有小玲珑,东北有古柯亭,这格局的设计就有团圆吉祥百年好合的意味在其中。

婚礼定在这样气派的地方,来宾亦是不少,总共有二百人。赵元任、陈寅恪更是从城外的清华专程赶来,算是给足了二位新人面子。

王赓亦是送来了贺礼,其上提着"苦尽甘来方知味"几个正楷字,后面落款处则用较小一点的字写着"写供小曼玩,受庆王赓"。这几个字,不免有几分酸楚,可是更多的,还是对二位新人的祝福。男儿胸怀如王受庆,也是难得了。

婚礼虽是中式十足的婚礼,可是却省去了许多礼数。

不见媒人同婚书,只得梁启超模仿西洋牧师的方式,向徐志摩发问:"徐志摩,你是自己愿意,并且又得到父母之命,与陆小曼结婚吗?"

徐志摩挺直了身子,颔首,而后郑重地答:"是的。"

梁启超又转过头去问陆小曼："陆小曼，你是自己愿意，并且又得到父母之命，与徐志摩结婚吗？"

陆小曼也点点头，答道："是。"

梁先生亦微微点了下头，然后对他们二人道："很好，我可以做你们的证人。"

而后，徐志摩与陆小曼交换了一块汉玉，作为结婚的信物。

然而，梁启超的话还没有说完，他对着满席宾客，郑重地说："徐志摩、陆小曼，你们是曾经经过风波的人，社会上对于你们有种种的误会，种种的不满意，你们此后总得要想法解除这种误会。爱情当然是人情，不过也是人情中之一，除了爱情以外，人情还有许许多多的种类，你们也不得不注意。"

此话一出，满座宾客不禁有些讶然，他们没有想到梁启超的证婚词是这样的。然而梁启超是事先给徐志摩打了招呼的，徐志摩心中已经有了心理准备。而陆小曼，看起来恍恍惚惚，似乎全然没有因梁启超的话而影响到情绪，脸上依然还挂着懵懵然的喜色。

讲到最后，梁启超的话愈加严厉了："徐志摩，你是一个天资极高的人，这几年来只因你生活的不安，所以亲友师长对于你也能有相当的谅解。这次结婚以后，生活上总可以算是安了，你得要尽力做你应当做的事。陆小曼，你此后可不能再分他的心，阻碍他的工作。你是有一种极大的责任，至少对于我证婚人梁启超有一种责任。"

说到这里，徐志摩终于忍不住了，虽然梁启超提前给他打了招呼，可是徐志摩没有料到竟然是这样严厉的话语。他向前走了一步，向梁启超深深鞠躬，表示自己已经服罪，然后用并不很大的声音道："请老师不要再讲下去了，顾全弟子一点面子吧。"

在场的所有人亦是在心中希望梁启超不要再讲下去了。他们都在暗暗替陆小曼和徐志摩难受。然而此刻陆小曼的脸上还是带着那种纯真的笑容，好像完全没有听懂梁启超在说什么。

梁启超抬起头，看见了在场宾客的脸色，轻轻叹了一口气，然后道："那么，就让在场宾客们拿起手中酒杯，一齐敬他们二位一杯吧。"

其实梁启超何尝不希望自己的学生和陆小曼能够幸福，只是这些话，他不得不说。

其实梁所讲的话句句中肯，没有回避任何难堪。他说的确实是徐志摩和陆小曼面对的最大问题。只可惜，在这样的场合，陆小曼没有心思去听梁启超发自肺腑的忠告，而徐志摩也只是陷在尴尬里无暇品读老师说的话。若是那时他们肯听梁启超的话，很可能是不一样的结局。

觥筹交错，言欢笑闹。而后终于落下夜幕，宾客皆尽兴而归。

徐志摩牵着陆小曼的手走进卧房，在床边对坐。

一个瞬间的闭目，徐志摩脑海中过电影一样闪出无数画面——

黄昏，协和大礼堂门外。站在门口发放说明书的她，踩着一双宝蓝色的高跟鞋，配以薄荷绿色的无袖改良旗袍。她的眼睛是那样明亮，在黑夜里似乎发着光。徐志摩从黄包车上下来，先看见的是她耳边斜簪的鲜花。接着，他望着陆小曼，陆小曼亦回眸望着他。对视只是一分钟，却已注定了一生。

午后，共赏枫叶的香山上。陆小曼几欲跌落，口中喊的是徐志摩的名字。徐志摩赶忙握住她手。虽然她的指尖带着凉意，可是那一瞬间他却真实地感受到掌心与掌心之间，是如火的炙热。

夜晚，松树胡同七号的墙角里。周遭光线幽暗，他却可以清晰地看见她眼角的泪。他是先拥住她的腰，还是先吻上她的唇，他是无论如何也想不起来的了。可是，他却可以清晰记得那刻他的感觉，犹如一只被禁锢的鸟终于飞出了牢笼。他吻着她，像是在飞翔。

再张开双眼，也只是用了一个刹那，徐志摩看见眼前的陆小曼。她的双眸还是当年的模样，只是脸庞瘦了些许，唇色也不似当年那样鲜亮。但是徐志摩知道，他对她的爱已经从初见时的蜻蜓点水到了如今汪洋大海一般的深情。

在刚才的瞬间里，陆小曼并没有想那么多，她只是静静地看着闭着双眼的徐志摩脸上变换着表情，一会儿是轻轻挑起嘴角，一会儿又似乎带着无法逃开的悲戚，一会儿归于安然，一会儿又带着恻然。

"你刚刚在想什么？"陆小曼伏在徐志摩的怀里，轻轻发问。

徐志摩亦轻轻抱住陆小曼，沉默了一会儿道："我当然是在想你。"

"胡说，你想我为何不看着我？"陆小曼用撒娇的语气说。

徐志摩看着顽皮的陆小曼此刻终于成了自己的妻子，顿时百感交集，几乎要流下泪来，他闭上双眼，也不答陆小曼的话。

"喂，你又不看我啦？"陆小曼调皮地去掰开徐志摩的眼皮。

徐志摩终于又张开眼，深深吻上陆小曼的唇。

乡　居

婚后要到硖石去住，这是之前徐志摩便和陆小曼商量好的。徐申如在硖石干河街为徐志摩盖了一座新式楼房，八月便已经动工。这无疑表示着父亲还是希望自己婚后能够回到家乡去住的。与陆小曼结婚的事情已经让父子俩的关系有些僵了。徐志摩一向孝顺父母，如今拂了父亲的意思，心中甚是愧疚。

这一点，陆小曼也很是体谅。起初，她是不愿到硖石去居住的。因为在她的印象里，硖石是一座县城，一定非常沉闷无趣。可是听徐志摩日日给她描述硖石的安静和美丽，陆小曼倒也生了一分做隐士的心，便同意了。

十月十二日，陆小曼同徐志摩到了上海，惜君亦陪在陆小曼身旁。到了上海，夫妇二人下榻新新旅馆。

然而刚一开门，在仅有一个小厅和一间卧室的房间里兜了一圈的陆小曼就不开心了："摩，这里怎么这样小？"

陆小曼带来的四个行李箱往客厅里一放，确实显出了这房间的狭小来。然而徐志摩却觉得这一室一厅居住起来已经足够了，便哄着陆小曼道："这里毕竟不是家，没有计算你放行李的地方。不过我们也是暂时住在这里,先忍一忍。"

"这才刚结婚没有几天,就住在这里……"陆小曼嘟起小嘴。

徐志摩走到陆小曼身旁,轻轻拥住她:"乖,先住下来。明日我便到硖石去看那新房修建得如何了。绝对不让我的龙龙多受一天委屈。"

"那好。"听了这话的陆小曼不再抱怨了。

初到上海,陆小曼和徐志摩都非常疲惫,便早早睡下了。

第二日一早,徐志摩早早便起身。彼时陆小曼还没有起身,他亦不忍心惊动陆小曼,只是轻轻地在那间狭小的厅里收拾东西。

"摩,你要去哪里啊?"陆小曼穿着睡袍出现在了客厅和卧室相隔的门旁。

徐志摩停下正在收拾衣物的手道:"是我动作太大吵醒了你吗?"

陆小曼带着蒙眬的睡眼摇了摇头,继续等待徐志摩回答她的问题。

"我昨日不是答应你今日去看那新房的装修情况吗?"徐志摩看着陆小曼,知道她已经把这事忘得一干二净了。

陆小曼走到徐志摩身边,替他合上正在放东西的行李箱盖子。然后挽着他的手臂道:"不要刚来就让我一个人嘛。今天你先陪我逛逛,明日再去咯。"

徐志摩回头望了望陆小曼,道了一句:"好。"

言罢,陆小曼便换衣服去了。待换好了衣服,陆小曼轻轻唤徐志摩:"摩,帮我梳头。"

"我不会梳啊,我去替你叫惜君。"徐志摩道。

"不,你只来替我把它们梳顺便好,又不要你替我盘发。"陆小曼说着已经乖乖坐在梳妆台凳子上。

徐志摩拿她没有办法,便走到她身后,接过她手中的木梳。然后拿起陆小曼最右面的一缕头发,小心翼翼地梳她的发档。徐志摩的动作很慢,先把发档梳开,然后再向根部移动木梳的位置,而后顺势梳下。

待一缕梳好后,徐志摩抬头看了一眼镜中的陆小曼,她带着右面

一侧柔顺的头发正饶有兴味地看着徐志摩,表情很是专注,眼睛里带着笑意。

"你这小顽皮,一天到晚只知道难为我!"徐志摩道。

"你刚才的表情似孩子一般,还是怕犯了错被先生打手板的孩子。"陆小曼笑嘻嘻的。

徐志摩抿抿嘴,装出很是害怕的样子:"那陆先生可千万不要打我的手板!"

陆小曼不说话,只是笑。徐志摩便又低头为她梳理左边的头发。

待全部梳好,徐志摩抬头,又在镜中对上陆小曼的眼。

陆小曼轻轻说:"摩,我爱你。"

开始的日子,总是分分钟都妙不可言。

十月十四日,徐志摩独自从上海回到硖石,去干河街察看新房施工情况。

那新房虽然已经建好,可是屋内还没有装修完毕,尚不能住人。徐志摩问了施工的人,那人告诉徐志摩不到一个月便可入住了。如此,徐志摩定了心。可是毕竟新婚宴尔,总住在旅馆陆小曼不喜欢,况且也不合适。此时在上海居住的吴德生提出可以搬到他家暂住,徐志摩同陆小曼欣然接受了。

搬到吴德生家,总算是宽敞了不少。陆小曼也不抱怨了,只安安心心地等着硖石的新房建好。

果不其然,新房在一个月内建好了。徐志摩得到了消息便决定次日动身回去。先向吴德生致谢,而后收拾好行李,便带着惜君一同回了硖石。

十一月十六日,即农历十月十二日,徐志摩带着陆小曼回了硖石干河街刚建成的新式楼房。

回了硖石有一星期,徐志摩便给张慰慈夫妇写信说自己同小曼的新婚生活——

上海一住就住了一个月有余,直到前一星期,我们俩才正式回家,热闹得很呐。小曼简直是重做新娘,比在北京做的花样多得多,单说磕头就不下百外,新房里那闹更不用提。乡下人看新娘子那还了得,呆呆的几十双眼,十个八个钟头都会看过去,看得小曼那窘相,你们见了一定好笑死。闹是闹,闹过了可是静,真静,这两天屋子里连掉一个针的声音都听出来了。我父在上海,家里就只妈,每天九点前后起身,整天就管吃,晚上八点就往床上钻,曼只嚷冷,做老爷的有什么法子,除了乖乖的偎着她,直偎到她身上一团火,老爷身上倒结了冰,你说这还是乐呀是苦?咱们的屋倒还过得去,现在就等炉子生上火就完全了。

毫无疑问,初到硖石的日子是甜如蜜的。只是陆小曼虚弱的身子遇上南方特有的湿冷有些受不住罢了。然而有徐志摩在她身旁,再怎么冷也是暖的。

陆小曼和徐志摩到了硖石的时候,只有徐夫人在硖石,徐申如赶到上海办事去了。按照乡下的规矩,新媳妇见公婆是有一套礼数的,然而若是作礼,只得徐夫人一人。徐夫人便让他们等徐申如回来了再一同作礼。

不久,徐申如从上海回到硖石。

作礼这日,陆小曼住在新居附近的一处住宅里,然后由徐志摩接到新居,算是进门。虽然只是个形式而已,可是也是要礼数到位的。轿子和礼服都是徐志摩带着陆小曼选的。硖石毕竟是个小城,不管是轿子还是礼服都算不上精致。陆小曼奢华惯了,自然入不了她的眼。

她把轿子和礼服统统看了一眼,然后对旁边承办喜事的人说:"要你们这里最好的轿子和最好的喜服便好。"

进门那天，陆小曼身穿红色的喜服，坐着六人抬的红轿子进了徐家的大门。

乡下的规矩，陆小曼一向不懂。然而对于行礼的细节，她是特意询问了当地人的。从鞠躬的幅度，到敬茶的顺序，再到谢礼是左手在上还是右手在上。她把这些记得清清楚楚，行礼的时候，没有半点偏差。

"小曼见过公公婆婆。"陆小曼行完礼抬起头来，看见的是徐申如夫妇勉强挤出的笑。

其实，陆小曼的轿子刚到徐家大门的时候，徐夫人就不满了。她转头对徐申如说："你瞧她坐那轿子，竟是红轿子！"

这种所谓的红轿子，需要六个轿夫来抬，而非两个轿夫抬的普通轿子。徐夫人倒也不是嫌弃陆小曼讲究排场，而是按照乡下的规矩，不管是富家还是贫家，这轿子都是给头婚的女人坐的。如今陆小曼坐着这轿子进徐家，实在是让徐夫人觉得她不懂事。

其实看了这些，徐申如心里也是老大的不高兴。可是毕竟陆小曼是要嫁进来的，他也只能平息妻子的不满："哎，这陆小曼只在上海和北京待过，哪里会知道我们这里的规矩。只是看着红轿子比普通的好，便坐了红轿子吧。"

徐夫人撇撇嘴："自己不懂不知道去问吗？"

徐申如不再说话，只是看着陆小曼从轿子中款款走下来，然后进了徐家的大门。

就是这样一个不太漂亮的开场，陆小曼并没有察觉，只当是徐氏夫妇不苟言笑。而徐志摩却已经隐约发现了父母对陆小曼的不喜欢。

徐志摩只得提醒陆小曼："眉，在父母面前，总要显得贤惠一点。"

"什么意思，你是说我今天表现得很不贤惠？"陆小曼歪着头反问徐志摩。

"也不是。"徐志摩一时之间不知道怎么说了，又怕惹陆小曼不开心,便不再说了。

其实,对于与公公婆婆的关系,陆小曼不是没有努力的。她开始起得很早,每日早上都同徐志摩一起给徐氏夫妇请安,一同用早餐。

然而,就是这一同用餐,又引起了徐夫人的不满。

那日,他们四个人一同用餐。陆小曼实在身子不适,本来不想去餐厅用餐,想在卧房里吃。然而徐志摩怕这样又让父母误会是陆小曼不愿意与他们用餐。于是好言相劝,终于让陆小曼同意下楼去吃饭。

陆小曼一看饭桌之上,尽是些大鱼大肉。本来她就觉得头晕,想歇着,如今更是吃不下。于是吃了几口便犯起恶心来,实在不愿再吃了。饭碗里还剩下大半碗饭,于是陆小曼转头,对徐志摩娇声说:"志摩,我吃不完。你替我吃了吧?"

徐志摩宠溺地看了陆小曼一眼,丝毫不带嫌弃地把陆小曼面前的那半碗饭放在了自己面前,然后道:"怎么了?身子不舒服,要不就先回去歇着吧。"说完又用恳求的神色看着自己的父母,询问他们陆小曼可否先行退席。

徐申如叹了一口气,然后看了陆小曼一眼,又把目光转移到徐志摩身上:"你若是身体不舒服,就回房间休息吧。"

明明称呼是"你",目光却不在陆小曼身上。然而陆小曼也丝毫不在意。她起身,向公公婆婆行了礼,道:"那么公公婆婆,小曼先行退席了。"陆小曼在原地站了三秒,也没有等到公公婆婆对自己的点头示意。她觉得有些尴尬了,只得自己一个人转身走上楼去。

难堪的时刻,三秒钟也似乎漫长许多。

她着实想不明白,自己已经是徐志摩的妻子了。之前再多流言蜚语,也总归是过去的事情了,公婆为何又要给自己这般难堪。难道他们这样给自己难堪,志摩心里能够好受吗,他们自己心里好受吗。本来就是头晕,如今心里又觉得万分委屈,陆小曼扶着楼梯的栏杆,说什么也迈不动步子了。她盈盈转身,声音里已经是带着哭腔:"志摩,抱我上楼。"

徐志摩此刻，对陆小曼也是万分心疼。从前虽则也面对过背后的非议和责难，却还是第一次当面受到这般奚落。况且这奚落她的人还是她所爱之人的父母，还是她希望他们亦爱她的公婆。他终于不忍他的小曼再难受一分，转头看了一眼饭桌上神色并不好看的父母。然后转身走向楼梯，飞快跃上五级台阶，轻轻抱起陆小曼。

徐志摩清楚地看见，陆小曼的眼圈红了。

他不知道说什么才好，一面是不可忤逆的父母，一面是委屈万分的妻子。他只能看着陆小曼的眼睛，把她抱得更紧一些。

陆小曼这边已觉得自己受了委屈，徐氏夫妇这边更是觉得忍了许久才没有发火。

一个月后，徐氏夫妇实在看不惯陆小曼的做派，便去了天津。彼时张幼仪正住在北京，徐氏夫妇便拍了电报给她，叫她到天津来。

收到电报的张幼仪很是惊讶，没想到公公婆婆竟然离她这么近，他们此刻应该在硖石才对。她只草草收拾了一下，便赶往了天津。

一见徐氏夫妇，张幼仪就发现他们二人脸上齐齐写着"苦恼"二字。

见了张幼仪，老太太再也忍不住了，抱怨道："你知道那陆小曼有多娇气？吃晚饭，吃了两口就说自己吃不下。最过分的是，她竟然让志摩去吃她吃剩的饭！"

张幼仪端坐在沙发上，不知道说什么好。

老太太还没说完，又道："那剩饭是凉的，怎么舍得叫志摩吃，他吃了说不定会生病哩！"

张幼仪叹了一口气说："可能她只是没有想那么多，撒撒娇而已。"

"你听听陆小曼接下来又说了些什么话！"坐在一旁的徐申如也开口了，"她吃不下饭，要先回房间休息，谁知她走了几步路就回头对志摩可怜兮兮地说：'志摩，抱我上楼。'"

"你有没有见过这样的女人，都那么大了，竟然叫志摩抱她，自己不会走路么。"老太太的声音已经气得发抖了。

张幼仪无言以对,只得听从徐申如的意思把二老带到北平家中。

张幼仪猜到徐志摩会对这一切存有微词的。果然不出她所料,数日之后她便接到了徐志摩打来的电话,电话里,徐志摩质问她:"你写信给他们,叫他们去找你的,是不是这样?"

"不是。"张幼仪的语气是平静的。

"不是你他们如何去找你的?"徐志摩不依不饶。

"我何必这样做?"

"你不满我和陆小曼结婚,叫她没面子。"

此刻的张幼仪倒也不为徐志摩的不辨是非生气了。平心静气地为徐氏二老在自己的住处附近找了房子,仍像一家人一样生活,只是没有了徐志摩。

入　沪

徐氏二老走了，本来就大得有些空的房子里更没有了人气。时已入冬，南方天气里特有的湿气总是让陆小曼觉得那寒冷似乎钻入了自己的骨髓之中，任多少暖炉都是驱散不走的。

幸而，还有徐志摩在自己身边。徐志摩总是耐心地叮嘱仆人每天早上都把陆小曼要穿的衣裳烘热，亦是叮嘱他们每天早上都用红枣煮水给陆小曼喝。那段日子，虽是寒冬，可是陆小曼的脸颊上总是带着些红晕的，因为有徐志摩在身边，她总是觉得暖暖的。

冬日的夜，总是有呼啸而来的风，它们从北方袭来，渗过房屋的墙，渗过盖了两层的棉被，渗过本来就没有多少热度的皮肤，直直钻到人们骨子里。那个时候，打着哆嗦的人们总是要不停地搓自己的双手，然后凑到暖炉旁边坐着。

那个时候，陆小曼总是走到徐志摩身边，然后挽起他的手来，柔声道："志摩，你还要写多少？"

"还有一些。"

"摩，我冷。"

每每这时，徐志摩总是会放下手中的笔，抱起陆小曼，然后把她放在离火炉只有咫尺的床边，让她偎着自己。

每每这时，陆小曼总是歪着头靠在徐志摩的肩膀上。其实隔着衣服，陆小曼并不能感受到徐志摩的体温，可她就是觉得暖。

陆小曼总是就那样睡着，然后徐志摩动也不敢动，只怕吵醒了陆小曼。

黑暗中，陆小曼均匀的呼吸似乎一字一句从容地诉说着他们的幸福。

若能如此终老，岂非不是一桩幸事。

可惜，至欢愉之岁月往往不能长久。十二月间，北伐军逼近，孙传芳的部队又加紧备战，硖石已经不是安全之地，其周围一带已经成了战线的中心。硖石算是一日也不能留了。事态所逼下，徐志摩和陆小曼只得乘船到上海躲避。然而因为徐申如离开硖石时太匆忙，又没有料到战事的变乱，没有安排徐志摩夫妇的日常花销。没有徐申如的同意，徐志摩无法从公司支款，逃离硖石时，他们连基本的旅费都没有了。后来还是靠着徐志摩舅父的借款才能成行。

在这样的情况下，徐志摩和陆小曼的经济状况自然不会好。初到上海，徐志摩匆匆在福建路找了一家旅馆住下，名为通裕旅馆。

住在旅馆里的这段日子，实在乏善可陈。由于经济状况的糟糕，徐志摩同陆小曼两人只得终日在旅馆里困着。这样的日子，陆小曼自然不喜欢。然而她也明白，此刻也是没有办法。她的不喜欢，虽然没有说出来，可是却终日写在脸上。徐志摩见了，心里也很是着急。

终于，徐志摩联系上了新月社的宋春舫。徐志摩向他说明了自己同陆小曼的窘境，他便极大方地邀请他们二位暂住在自己家中。徐志摩与陆小曼终于得以摆脱那家困了他们许久的"破客栈"。

一九二六年十二月二十四日，还没有搬家的时候，徐志摩给张幼仪去了信——

爸爸来知道你们都好，尤其是欢进步得快，欣慰得很。你们那一个

小家庭，虽是新组织，听来倒是热闹而且有精神，我们避难人听了十分羡慕。你的信收到，万分感谢你，幼仪，妈在你那里各事都舒适……我不瞒你说，早想回京，只是走不去，没有办法。我们在上海的生活是无可说……破客栈里困守着，还有什么生活可言。日内搬至宋春舫家，梅白路六四三号，总可舒泰些！阿欢的字，真有进步，他的自制力尤可惊，我老子自愧不如也。

从这信里，便可看出徐志摩同陆小曼当时的生活，以及徐志摩的心境。

从福建路通裕旅馆搬到宋春舫家，总算是宽敞了不少。然而徐志摩的心却依然没有安定下来。毕竟，寄人篱下或者是靠父亲的周济过活都不是徐志摩的理想生活。他终究要找一份谋生的差事，如今身在上海，不能再给北平的报刊供稿，靠着译书的酬劳，也终究不解当下之急。

宋春舫亦曾给徐志摩出主意："北平那边的学校，哪一个会不乐意先生去教书的？"

"我一早就在给适之的信里说了，'在北京教书是没有钱的'。"徐志摩回答道。

"怎么会没有钱，莫非北平的学校只收义工？"宋春舫开玩笑说道。

徐志摩苦笑："倒不是说北平的学校不发薪。只是对于他们来说，欠薪乃是家常便饭，同不发薪有什么区别？"

宋春舫总算明白了徐志摩的意思，轻叹了一口气。其实还有一条路可以走，但是他和徐志摩都没有提——那就是重新接手《晨报副刊》。可是这条路，徐志摩却是考虑了一下就否决了。宋春舫也没有提起这条路，只是因为他也知道，徐志摩同晨报社的不愉快，是以宁可无处供职也不愿意回去的。

事情的转机还是来自光华大学的邀请。彼时光华大学刚刚在上海创办，正有一批空缺的教席。这可算是解了徐志摩的燃眉之急。他毫不犹豫地应允了下来。

腊月三十给蒋复璁的信里,他写下了自己新一年的打算——

我一时决计不北,亦非为星者言,故切弗信张奚若胡说。光华相邀教席已允就,如不欠薪,生活或可敷衍。但急要书:已函菊农会同我兄设法打开书柜,如足下南来最便,即烦相挈,否则须另行想法。

从此,教书成了徐志摩的主业。这位诗哲很少有时间写诗了。

在宋春舫家的日子,还算是平静。

然而,那白日里教书,晚上译书的日子并不是徐志摩想要的。他不希望自己的生活只是被谋生充斥着,他想要真正的生活。

"小曼,你想到国外去生活一段时间吗?"终于在一个安静的夜晚,徐志摩问出了自己一直想问的问题。

"你是说欧洲?"陆小曼愣了一下,本来她已经快要睡着了。

"是。如今你我这样在国内困着,毫无生活品质可言。"徐志摩轻声道,"去了国外,便是不一样的风景,我们可以拜谒名人,甚至可以一起读几年书。"

陆小曼听了并不十分心动,因为不论是读书还是拜谒名人在她看来都是极累的。然而她对现在的生活状态也并不十分喜欢,便考虑了一下道:"可以一试。"

徐志摩露出满意的笑,轻轻从身后拥住陆小曼,然后亲吻她的脖颈。然而陆小曼头也不回一下,用很小的声音说道:"摩,我困了。"

"嗯,晚安。"徐志摩说着收回了双手。

同陆小曼一起去国外,这是徐志摩一直以来的愿望。而早在和陆小曼说之前,徐志摩就同胡适表述过自己这个想法。那时徐志摩还没有同陆小曼结婚,只是看着陆小曼一日一日在国内熬着,身体每况愈下,想给陆小曼换个环境。二来,陆小曼虽则才华横溢,但毕竟没有系统地上过大学,叫她去国外读几年书,那是对她再好不过的了。徐志摩满心地为陆小曼着想,但是却没有和陆小曼说,因为凭那个时候的状况,想出国有许多经济上的困难。

彼时胡适正在英国,为了帮徐志摩实现他的心愿,他在十二月二十六日给恩厚之写过这样一封信——

更迫切的问题是我们的朋友志摩,他已喜洋洋地结婚了。他们两口子在婚事开头时遭遇困难,以后也获得徐家两老的谅解,彼此也融洽地住在一起了。但我对志摩夫妇的前途有点忧虑。因着商业萧条以及战祸关系,徐老先生的生意大受打击。他们现居的地方是一个十分落后的小镇,没有任何现代的文化气息。志摩的新太太十分聪慧,但没有受过系统化的教育。她能说英文、法文,能绘画,也能唱歌。但要是他们两口子在那小地方住得太久,就会受害不浅了。他们多方面的才华会浪费消逝于无形。

这里头脑装满了传统习惯的人,并不欣赏个人才能的发展;他们把后一辈年轻人只看作搓麻将的良伴。跟这些人同住,受害之烈是你们所不能想象的!

要是我们能找出个办法把志摩夫妇送到英国或欧陆地方,让他们有两三年的时间念点书,那就好极了。我知道你对他关心,所以尽罄所怀,好让你在我们见面之前先有时间把这事考虑考虑。

彼时的恩厚之,已经同美国富孀史特里夫人结婚,正在英国推进农村建设计划,是有能力帮助徐志摩的。

徐志摩怀着十二分的希望,等着胡适或者恩厚之的来信,他已经迫不及待地想同陆小曼一起去国外读书了。

待第二日陆小曼醒了的时候，徐志摩早已经出门去了。

陆小曼闲着无事，便换了衣服去宋家的书房，想寻一本小说看。书房的门对着二层起居室的门，在书房里，她远远看着惜君在起居室里与人谈笑着。然而那个与她谈笑的人却不在陆小曼视野之内。陆小曼自顾自地说了一声："这丫头在人家住着倒也是如鱼得水，自在得很。"

接着，她又浅浅笑了一下，又把注意力移回了书架上。她在书架上扫了一眼，看见一本淡粉色封面的书，上面用深紫色的墨写着"假面"两个字。

陆小曼盯着书脊看了几秒，然后伸出右手的中指，轻轻地在书脊上滑了一下，那书便在一排小说中侧着凸了出来。陆小曼自顾自地笑了一下，然后换上拇指和食指，把那本书自书架上取了下来。陆小曼满意地看着那本书素净的封面，大片大片的淡粉色总是给她很安心的感觉。

然而，这本书的内容却不似封面那样温情。故事说的是一对恋人，经过几度磨难终于在一起。然而在一起不久，男主角就由于一次意外死于车祸。女主角听说了这个消息，一度精神失常。她被送进精神病院，可是诊断结果却是她身心完全正常，她的病都是自己强加给自己的，是她自己强加给自己的。

故事很短，只消两个小时陆小曼就看完了全文。合上书页，她久久不能平静。在男女主角一起经历波折的时候，她想到了她与徐志摩饱受非议的那段时间，看着女主角仿佛在看着曾经的自己。然后，她随着他们一同守得云开见月明，看着他们走到了今日她和徐志摩所处的位置上。不，他们比今日的她和徐志摩更幸福一点。毕竟，她和徐志摩虽然家庭团圆，却面临着国家动荡。

然而，悲剧就是将美丽的东西撕裂给人看。

在女主角得知男主角死讯的那一个刹那，陆小曼的心也随着她的心一起凉了下去。

然后，女主角精神失常，时常看见男主角仍然陪在自己的身边。

陆小曼把书放下，站起身来，喃喃自语："自古以来，情深不寿。"

她不知道，有些话真的会一语成谶。

迁 居

"我又是绝对无意于名利的,所要的只是'草青人远,一流冷涧'。"

一九二七年一月七日的午后,徐志摩坐在宋家的书房里给胡适写回信,在信里写下了这样一句话。他不由得轻轻地闭上了眼睛,在心中默念——草青人远,一流冷涧。那该是何等的快活自由。

然而看看此刻身边,何处有青草,何处有冷涧,有的只是连绵的战事和寄人篱下的苦闷。徐志摩重重地叹了一口气。

"在这里叹气做什么?"身后传来陆小曼的声音。

"小曼,我们这样寄人篱下终究不是办法。"四下并没有宋家的人,徐志摩便直言不讳。

陆小曼扭了下身子,坐在徐志摩椅子的扶手上,道:"我今日正想与你说这事情。上周我去看了看房子,环龙路那边的花园别墅是不错的,也正有许多空房子招租。"

"嗯。不如有空我们一同去看看?"徐志摩道。

"可是你什么时间有空呢?平时人是极少的,可是你又要上课。"陆小曼的话里带着点不满,徐志摩听得出是对他不大陪伴她的抱怨。

那一个瞬间,徐志摩觉得巨大的疲惫感袭击了他,带着不大耐心的语气对陆小曼说:"小曼,如今我们已经是寄人篱下,我若不出去教书,我们吃什么呢？"

"我又没有拦着你去教书。"陆小曼撇撇嘴，不再和徐志摩说话了。

就这样，徐志摩和陆小曼在一九二七年的春天搬离了宋春舫家，搬进了法租界里陆小曼看中的那栋花园别墅。那里，通常被称为环龙路福熙坊。搬到这里来，等于一步迈入了上海上流社会，再没有什么初到上海融不进去的顾虑。

喜迁新居，终于在上海有了自己的家，陆小曼和徐志摩都很高兴。只有惜君怎么也高兴不起来。陆小曼到了新居马上雇了一个厨子和两个佣人，可以说这次搬出来并不会让家务都落在惜君一个人头上。比起在宋家，只会更轻松，不会更累。那么，惜君究竟是因为什么不开心呢，陆小曼百思不得其解。

待一家人安置下来后，陆小曼趁惜君在她房间为她整理衣物的时候问道："惜君可是有些不开心？"

惜君没有马上回答，叠好了手头的一件衣服才说："并没有不开心。"

"惜君，你知道，你我的关系并不只是主仆，更像是姐妹。所以你有什么想法都是可以和我说的。如果你这样不说，我反倒觉得生分。"陆小曼道。

"是离开了宋家，所以有些不舍。"惜君坦言。

陆小曼眼球一转，宋家可有什么眷恋的呢，如今这别墅丝毫不比宋家差。想到这，陆小曼忽然想起她在书房寻小说看的那日，她看见惜君正与人谈笑，莫不是宋家的人让惜君不舍？陆小曼倒也不绕弯子："惜君，你不舍的人是谁？"

惜君知道陆小曼已经猜到了她的心思，不禁红了脸，道："只是一个家丁。"

"你喜欢他到什么程度？"陆小曼问。

"喜欢到可以忍受他的许多我可以预见的缺点。"惜君答得很认真。

陆小曼沉吟了一下,又问:"那么他对你呢?"

"怕也是一样。"惜君的脸更红了。

"你可以确定?"

"这样的时候相信直觉就可以了。"

陆小曼看见惜君的神情,明明只是在房间里与自己对话,眼睛却好像可以望到远方。陆小曼知道,离别的时候到了。惜君也已经是二十好几了,再过几年就是三十岁的姑娘,此时嫁人,已经是晚了。

再晚一点的时候,陆小曼同徐志摩说了此事。

徐志摩的第一反应便是问:"那家丁怕是个粗人吧,可配得上惜君?"在徐志摩眼里,惜君已经同寻常的女佣不同,她读过书,也见过世面,视野早就不同于市井之徒。

"这种事,哪有配得上配不上一说,只要你情我愿便好。"

"那他们可是你情我愿?"徐志摩又问。

"自然是。"

"那明日我写信给宋春舫。"

"嗯。"陆小曼应了一声,轻轻转过身去,她实在有些不舍。

正在一切都已经敲定,惜君要离去的时候,陆小曼病了。

自从来了上海,陆小曼大大小小的病几乎没停过。倒是在宋春舫家的时候不怎么生病,如今有了自己的家,身体反而不适应了起来。

如此一来,惜君自然是没有走的。她要最后侍候陆小曼一次。

已经快要到了夏季,病榻上的陆小曼还是直喊冷。惜君去握陆小曼的手,只觉得像是在握一块冰。她紧紧地握着陆小曼的手,期望能把自己的体温传给她一些。

陆小曼的寒气如此重,惜君本来是要给陆小曼熬姜汤喝的。可是医生又说姜汤生性辛辣,刺激脾胃,陆小曼身子弱,不能轻易进服,便另外给陆小曼开了一副驱寒的药。

服了两日,陆小曼总算是退烧了。

退烧的那天,陆小曼醒来便对惜君说:"你不必陪着我了。"

"让我再陪着小姐几天。"惜君柔声道。

陆小曼用另一只手也握紧惜君的手,道:"是我,一直忽视了你的事情。害得你到如今才找到自己的如意郎君。本来,若是早一些,我和志摩怎么也可以把你许配到大户人家去的。不用一辈子如此。"

"小姐,惜君从不觉得做婢女有什么苦,只是多做些活罢了。至于什么害得我怎样的话,你更不要这样讲。对于小姐,我心里只有感谢。"

"我的确是病了,脑子不清楚。去大户人家又有什么好,连最起码的自由都没有。如今,你们若是果决,便可自由自在。"

"小姐教会惜君那么多,如今自然看得通透。"

"那便好。"陆小曼说到这句话,似乎忽然没了气力,声音小了许多。

再后来,陆小曼睡着了。惜君同徐志摩打了招呼,便离开了徐家。她特意挑了这样一个时间,陆小曼睡着,徐志摩走不开,这样他们就不必来送自己。

她无法想象,若是他们来送,自己要流多少眼泪。

走,总归是走了。心,却仍是时时记挂着陆小曼。

正当陆小曼病着的时候,徐志摩收到了恩厚之寄来的汇票。金额为二百五十英镑,这绝不是一个小数目。

眼看着带陆小曼出国的钱来了一半,徐志摩却无论如何不能动身了。此刻陆小曼正病着,如何受得了路上颠簸。况且,此刻战事四起,自己和陆小曼怎么能够抛却双亲跑到国外去呢。

北伐战争节节胜利,江浙一带正是战争打得最响的地方。徐丰如是地方首富,自然是首当其冲,生意损失了很多。徐志摩此刻,在经济上,已经是要全然依靠自己的了。

对北伐恨之入骨的徐志摩明白,他带陆小曼出国的计划是必须要搁置的了。所以他很快给恩厚之写了回信,里面提到了他对北伐战争的深恶痛绝——

中国全国正在迅速陷入一个可怕的噩梦中,其中所有的只是理性的死灭和兽性的猖狂。用什么可以挽此狂澜呢?一切明智的力量已遭蹂躏,而且在这个加速崩溃的过程中,余下的一点点也会很快就全然绝迹了。今天是什么人掌权呢?无知工人,职业恶棍,加上大部分二十岁以下的少男少女。不是的,你不要把这账都算给俄国人。他们无疑是了不起的天才的策划者,但单有这份伎俩还不会保证他们的成功。中国本土肥沃得很,正适合革命来生根发芽;关键就在于此了。中国目下的动荡局面实在是一场奇怪而好看的把戏,这是以俄国革命为蓝本的一场拙劣的表演。

他不知道,这一搁置,就再无拿起来的机会。

哪怕是款子早到两个月,北伐还没有打得如此激烈,或者是陆小曼尚没有害病,他们两人恐怕都是要勉强一行的。然而,再多对北伐的恨,都换不回这样的一个契机了。

有时候你得相信,真的有命运这一回事。

第七卷

金谷飞絮何时休

浮　华

上海，这终究是让陆小曼备感亲切的地方。童年时的记忆已然缥缈，可是陆小曼偶尔还是会想起来年幼的自己曾经在透着潮湿的石板路上跑来跑去的情景。那时候，她总是喜欢穿纯白色的裙子，总是喜欢站在床边看朦朦胧胧的雨丝，总是拉着母亲的手好奇地看着街边琳琅满目的货物。

这些记忆，随着时光的流逝飘远再飘远，可是始终未曾逝去，在陆小曼的余生里时时浮现。

一九二七年的上海，已经同陆小曼儿时的上海大不相同了。

一九二七年四月，国民政府定都南京。而上海，是与南京咫尺之隔的地方，往返交通甚是便利。衙门与资金在南京，公事和交易都可以在上海办。上海又为港口，繁华程度数倍于南京自然不足为奇。于是新贵尽会于此，在十里洋场里享尽温柔欢愉。这时的上海，尽是酒杯光影琉璃颜色。

越是繁华的地方，越少不了美人与之相称。

而陆小曼在硖石困了太久，来了上海又寄人篱下，如今终于得以释放。之于这繁华的上海，陆小曼根本不需要适应便很自然地融于其间。

毕竟，这是她长大的地方。毕竟，她曾是社交皇后。

搬到环龙路不久，陆小曼便认识了一干好友。整日陪着她吃喝玩乐，她再也不同徐志摩叫苦了。她们推荐给陆小曼许多卖新式衣物的店铺，还陪着陆小曼一起去逛。陆小曼看到，摆在她面前的，是崭新的、她始料未及的世界。陆小曼从来都只要最好的，至于这"最好的"要花费多少代价去获得，陆小曼是不在乎的。

当日为了同徐志摩这份在她看来的最好爱情，陆小曼亦是如此。她不顾惜代价，不会权衡王赓和徐志摩何者能给她更幸福的生活。她只要她想要的，她只要不留下遗憾。

人生只有这么一次，若是所想都得不到，那该是何等可悲。所以为了活出自己想要的样子，陆小曼丝毫不计代价。这逻辑看似合理得很，可是陆小曼却没有想到，那些为了她得到"最好的"而付出的代价，并不是她一个人在支付。

每日她们打牌、聚会，乐此不疲。陆小曼开始每天回家很晚，几乎是日日半夜才回到家，然后睡到第二天下午才会起来。

这样的日子里，陆小曼虽然觉得非常快活，可是她的身体却吃不消了。

终于，陆小曼又病倒了。

徐志摩放下手边之事，更多地留在家中，在床边喂陆小曼吃药。

"你何必日日出去作乐，可知身子更为要紧？"徐志摩早已想劝陆小曼。

陆小曼撇一撇嘴："我留在家中，有什么乐趣可言。你也不在。"

徐志摩道："可以看书，可以作画，可以下棋。"

"看书、作画、下棋，有什么意义呢？"

"那么出去逛街、打牌、跳舞有什么意义？"徐志摩反问。

"至少轻松。"陆小曼道。

"我们活着，不是为了轻松的。"徐志摩认真地说。

"那又是为了什么？"

陆小曼这一句话问出来,徐志摩沉默了许久。是啊,如此乱世之间,活着是为了什么呢。如他们这样的蝼蚁之民,除了见证一切,又是否有能力去改变些什么呢。退一万步讲,就算能够改变什么,也终于要于万古之后消失于无形,又有什么意义可言。可是,如若这样去想,岂不是人人都要自杀了事。不对,这个逻辑肯定是不对的。

或者,这世上有生命的意义,只是我们尚未找到。因为我们尚且乐观,才要相信一切都是有意义的,而我们只是没有找到罢了。所以,我们都要去找我们生命的意义,至于能否找到,虽然不确定,却存有希望。

片刻之后,徐志摩说:"如果有才华,不妨为国家和人民做点事;如果没有,那么就守护好自己的家庭。"

陆小曼看得出徐志摩眼睛里的认真,然后莞尔一笑道:"那么如我,便守护好我的摩摩便好。"

此刻的陆小曼,正在病中,笑起来仍然是万分惹人怜爱的模样。然而徐志摩从陆小曼的语气里知道,她并没有拿自己的话当回事。可是,这一句带着甜蜜的话却使徐志摩再也说不出严厉的话语来。他只得回给陆小曼一个宠溺的笑,然后伸出手去握住她冰冷的手。

也罢也罢,就让自己做守护家庭的那个人吧。

除却守护好自己的家庭,徐志摩也在尽自己所能,尝试着为国家和人民做点事。

他在筹备新月书店的事情。因为脱离了与报社的联系,新月社的话语权和影响力都与徐志摩所期望的相差甚远。北方的军阀对思想的钳制越来越严重,徐志摩认为自己有在这个时刻发出呼喊的责任。

于是,他萌生了建立新月书店的主意。新月书店名曰书店,自然是卖书的。可是除此之外,新月书店更像是一个出版社,他们出版自己的《新月》杂志,也出版新月社人员的作品,并且在新月书店销售。

同时,在这一年,叶公超应暨南大学校长的邀请来到上海;潘光旦从哥伦比亚大学硕士毕业回国,居住在上海;闻一多从北京来到上海,在政治大学任教;梁实秋、丁西林等人也于此时来到上海。

于是,这一群人聚在一起,建立了新月书店。

徐志摩奔走多方,终于在六月二十一日这一天首次向外界介绍新月书店。介绍的文章是梁实秋写的,刊登在上海《时事新报》青光副刊上,题目为《新月书店》——

胡适之、徐志摩等创办之新月书店,闻已租定法界麦赛尔蒂罗路一五九号为店址,现已付印之新书约十余种,正在整理待印者尚有四十余种之多。店址不广,但布置甚佳,开张之日,传说有略备茶点之意。而此种茶点,又传说有要作为招待来宾之用之意。书店总经理已聘定于上沅先生。余先生者,戏剧专家也,对于人生,有深邃之了解,对于艺术更有精湛之研究,今总理书店,如烹小鲜,措置裕如。闻沪上各界,纷纷要求认股,而定额早已超出数倍,无法应付云。诗人闻一多,亦该店要人。诗人工铁笔,近为该店雕刻图章一枚,古色斑斓,殊为别致。

历史的发展不外如此,在前期侧重组织,在后期则更侧重事业。新月社转型为新月书店,实乃新月派由前期转为后期的标志。

然而这新月派的后期,确是极为繁盛的。徐志摩的诗集《翡冷翠的一夜》乃是新月社第一批出版的书。还出版了散文集《巴黎的鳞爪》《自剖》等书。

此前,大家都只当徐志摩是个诗人,这几本散文集出版了之后,赢得了很高的评价。甚至有人觉得:"他的散文比他的诗写得还好"。

有人说,胡适是没有说不清的道理,而徐志摩是没有表达不清的感情。

新月书店的建立让徐志摩深深欣慰,一向认为自己薄负才华的他,总算是为了国家和人民做了点事。

徐志摩忙于新月社的事情，对陆小曼的陪伴自然是更加少了。陆小曼的外出也更加频繁。

每每傍晚，徐志摩一个人在家吃晚饭，总是想陆小曼想得紧。

饭后，他便到陆小曼那乱得几乎没有地方铺开纸笔的书桌边坐下。虽然陆小曼的书桌又小又乱，可是徐志摩一坐在那里便觉得感情于胸中喷涌不止。感情从心脏溢出来，流过手臂，再流进指尖，最后从笔尖里流出来，便成了一首首诗。

很多时候，他总是想起曾经。曾经，他也是坐在书桌前写东西。那时候，陆小曼还常常在她的身侧。当然了，她也不会安静地看着徐志摩，常常给他"捣乱"。然而就是在小曼在一旁逗他的时候，灵感似乎也随着小曼那银铃般的笑声悄然而至。那时，总有令徐志摩觉得满意的作品写出。他的《翡冷翠的一夜》《自剖》和《巴黎的鳞爪》都是在小曼那又小又乱的书桌上写出的。

而此刻，再也没有小曼在他身旁给他捣乱了。他写的东西，陆小曼也基本不看了。她每日回到家，徐志摩通常都是睡了的。即使没有睡着，所看见的也只是小曼的一脸倦容。疲倦至此，哪里有心情看书呢。看都不会去看，更别提给徐志摩一句夸赞了。

徐志摩开始想一个问题，自己是否还爱陆小曼。

曾经，徐志摩在欧洲，而陆小曼囿居北京。可是那个时候，徐志摩一个人吃早饭的时候，总觉得陆小曼就在他的身边，仿佛一伸手就可以握住她有点冰凉的手。

如今，那么多个夜，徐志摩能够感受到陆小曼开门，换衣服，然后轻轻躺在自己身边。他们是那么那么近，近到徐志摩可以嗅到陆小曼身上酒味混杂着玉兰香的味道。可是，徐志摩却觉得陆小曼离他有一千里那么远。

徐志摩开始不能确定自己是否仍然爱着陆小曼。或者，自己已经不爱了吧。

可是，想到"不爱"这两个字的时候，徐志摩感受到自己的左心室狠狠地疼了一下。他忽然明白，自己还是爱陆小曼的，并且这种爱，甚至是生理性的。

他颓然抬头，书房时钟的秒针刚刚与那个巨大的十二重合，那一刻，正是七点十五分，一秒都不差。

而那一个瞬间，陆小曼正在一间鞋店里。

七点，华灯初上。鞋店里的五盏大灯把整个店都染上了一种鹅黄色的暖意。陆小曼正在同她的伙伴选购一双皮鞋。

当目光轻轻扫过右手边第三层货架的时候，陆小曼看中了一双黑色皮鞋。那鞋带着一寸半的精细鞋跟，脚踝处环了两层鞋带，带着一点芭蕾舞鞋的质感。她轻轻拿起那双鞋，端详了一会儿之后叫店员去为她拿来她的尺码。她要试穿。

不多时，店员便替她拿来了她要的尺码。她轻轻坐在一旁的长凳上，为自己换上这双精致的黑色高跟鞋。换好后，她轻轻起身。

然而就在站好的一瞬间，她忽然感觉到了左脚脚底那尖锐的疼痛。那疼痛在一瞬间以一种生冷不忌的力量迅速蔓延到了她的左心室。她惊叫了一声，马上坐在一旁的长凳上脱下了那双鞋。脱下鞋子，她才发现原来是鞋底有一颗细小的石子。

不过，一颗石子怎么会那么痛呢。

带着那样的疑惑，陆小曼抬起头，瞥了一眼一旁的钟表，恰是七点一刻。

陆小曼还是买下了那双皮鞋，尽管它价格不菲。

上海滩有些耀眼的繁华里，陆小曼挥洒着她的年华。

上海滩有些刺眼的浮华里，徐志摩织成了了他的一轮新月。

恨　晚

很快，陆小曼在上海滩上流社会的声名就响了起来。甚至比她当年在北京更甚。而戏院，又是上流社会的人乐于出入的场所。在那时，戏剧演员自然是低贱的职业，可是社会名人来演几出戏，又冠上赈灾的名义，却是能得到很高的称赞声。

当时陆小曼在上海声名远播，很多人以一睹她的风采为荣。所以有了演戏的事，策划者便登门去邀请陆小曼。为了赈灾去演戏，这名义就很是风雅。恰巧陆小曼正是闲来无事，便应允了下来。

却说中外戏剧，陆小曼倒是都看过一些的。可是若说上台演戏，却是从来没有过的。陆小曼为此特意寻了老师来教她，一来二去，倒也学得认真。

那段学戏的日子，陆小曼倒是起得早了一些，有时还能赶上同徐志摩一起吃早饭。吃早饭的时候，徐志摩说些新月社的事情，陆小曼则说说她学戏的苦恼。

"却说我这人，从来都没有演过戏，第一次演，便要在那恩派亚大戏院，实在是有些紧张。"陆小曼话里有些紧张，却也带着兴奋。

"你有何可紧张，当年我也是同你一样的，我演《齐德拉》的时候，何尝没有紧张过。"徐志摩忽然回忆起当年。

"嘿，你看你这逻辑。先说我有何可紧张，又说人都是要紧张的！"

"你这小顽皮，我在追忆我们初见的场景，你竟来挑我这话里的毛病。"徐志摩口中虽然这么说，可是并不生气。

"哪有哪有。若是那日我没有去发说明书，怕是也不会有今日我们共坐这餐桌旁吃饭了。"陆小曼脸上的笑散了，换上一副认真的表情，"日后，若是再有机会，你可不可以同我一起演一出戏？"

"自然万分愿意。"徐志摩起身，走到陆小曼身旁抱了抱她，道："我待会儿还约了人谈事情，怕是要迟到了。小龙可否批准我先行一步？"

"批准，批准。"陆小曼嘟起嘴，也拥抱了徐志摩一下。

陆小曼演出的日子很快到了。徐志摩特意推了晚上的事情，赶到了恩派亚大戏院。那戏院的人知道他要来，特意为他留了一席雅座，是剧院里最好的位置之一。

徐志摩早早便赶到了，然后他看着剧院里的看客陆陆续续多了起来，忽然对突如其来的喧嚣有些不适应。他不知道这不适感从何而来，若说当年在北京，他是经常去看戏的。北京人比上海人健谈，那戏院里可说比现在喧嚣更多，当时都不觉喧嚣，为何如今却觉得喧嚣呢。

未等徐志摩想明白一切，陆小曼便上台了，唱的是昆曲《思凡》。徐志摩专注地听完全曲，不得不承认，小曼这些日子的工夫没有白花。虽然不及职业的戏子那样圆润熟练，却多了几分灵性和新意在里面。

戏毕之后，徐志摩在外面等了陆小曼许久，想要同她一起回家。可是等了许久陆小曼都不出来，去后台找她，也没有找见人影。第二天还有两份译文要付梓，这是丝毫不能耽搁的。为了来看陆小曼的演出，已经费了许多原来要用来翻译的时间，如今时间已经是紧得很了。无奈之下，徐志摩只得先回了家。

而陆小曼唱完了戏，听见了台下如雷的掌声，脸上不禁露出了喜色。

她知道，她陆小曼做什么都不落人后。演出的成功让陆小曼高兴过了头，完全把下了台要找徐志摩的事情忘到脑后去了。

待走到后台，赞美声仍然不绝于耳。这一台唱曲的人都不是专业的演员，而是剧院找来为赈灾义演的社会名流。陆小曼自然得到了许多称赞，但是受到台下大师称赞的最多的人，却不是她。

那个人叫作翁瑞午。

在排演的时候，陆小曼许多次注意过他。他总是戴着一副眼镜，镶有黑边，又终日穿着一袭长衫，举止言谈很是得体，戏也唱得不赖，可以说是一身儒雅的了。起初陆小曼望见他，还以为是徐志摩来看她排演了，只因这翁瑞午也是瘦削而立体的脸型，从侧面看过去倒是与徐志摩有几分神似。

翁瑞午也是在南方出生的人，生于江苏常州，祖父是光绪皇帝的老师。他的父亲翁绶祺则是广西梧州的知府，乐于收藏画作，自己的画技亦是可圈可点，家中的收藏已非一间书房可以容纳。翁家在杭州坐拥一座茶山，在上海亦拥有不少房产，家中的古玩书画亦是数不胜数。

然而，即使是出生于家底如此殷实的翁家，翁瑞午也并没有成为只知挥霍不图上进的纨绔子弟。翁瑞午少年时便从师于名医丁凤山，可说是得到了他的真传。传说学成后，他在推拿时运用体内之气，常常产生独到的效果，手到病除，因此十八岁时即享有盛誉。加之他为人医病，从来不分贫贱，不顾自己劳累，不仅医术高明，仁心也是有了。

除却医术高明，他的唱功也是极其了得的，曾经一度得到梅兰芳的高度评价，为他所赏识。这一点，陆小曼自答应接演这出戏的时候便听策划者为她描述了一番。

排演的时候，他几乎没有突出表现，然而今日正式演出，连心高气傲的小曼都不得不在心中暗自为他的唱功叫好。

就是这样一个自己注意了许久，甚至有点传奇色彩的人，在排演后走近了陆小曼。

"已经卸妆了？"他站在陆小曼半米远的地方，问出这句话。没有客套寒暄，没有介绍自己的身份，没有询问陆小曼的身份，只轻轻问了这样一句，仿佛他同陆小曼已经是相识许久的老友了。

陆小曼先是回头看了一眼镜子里的自己，然后点了点头："嗯。"

"刚才我似乎看到了志摩在后台。"翁瑞午不疾不徐地说。

"那现在呢？"

"怕是已经走了。"

"嗯，他的确是有些忙的。"陆小曼脸上不禁有些失望。

"也许是在外面等你。"翁瑞午也意识到自己的推测可能并不准确。

然而陆小曼没有移动半步，而是问："你认识志摩？"

"算是浅交。江小鹣介绍我们认识的。"

"江小鹣我倒是认识的，下一场还要与他同演。"这江小鹣也是世家子弟，广有钱财，曾留学法国，回国后主办天马剧艺会，相当于艺术沙龙，一切开支都由江个人负担。他与翁瑞午，可算是多年好友。

"却说我同志摩认识，还是因为你。"翁瑞午语气里不带一丝波澜，声音却温润得很。

"你们因为我认识了，为何我竟不知？"陆小曼一脸疑惑。

"志摩听说我会推拿，又知你犯胃病时常常疼痛难忍，吃药也不见好转，便让小鹣介绍我给他认识。大概是你这几日忙着唱戏，还没有同你说。"翁瑞午解释道。

陆小曼但笑不语。

翁瑞午也没有再多说话，待陆小曼穿好了衣服，将她送回了家。

几日之后，陆小曼胃病犯了，蜷缩在床上直喊疼。徐志摩果然去叫了翁瑞午来。不消半刻钟，翁瑞午便赶来了。

陆小曼的胃一疼起来，脾气很是不好。她知道是翁瑞午来了，可是头也懒得抬，只是叫"疼"。

翁瑞午站在她的床边，似乎丝毫不介意她的不礼貌，温和地问："可愿试试我的推拿之术？"

陆小曼已经疼得没法，况且她也听说过翁瑞午的推拿术很是神奇，想也不想便连连点头。

翁瑞午褪去了外套，把陆小曼扶起来，让她靠着一旁的靠垫坐在了床上。然后双手在陆小曼背部以一种很奇怪的路径为她按摩了起来。这推拿的路数，徐志摩是看不大懂的。只是他看翁瑞午的神情，可以感受到，他每一下的力度都是不一样的，这一下轻一点，而那一下重一点。

一刻钟后，陆小曼终于说："好多了。"

而翁瑞午的脸上已经渗出了汗珠。徐志摩看见了，赶忙为他递上一条毛巾。翁瑞午接了毛巾，坐在了徐志摩身旁的沙发上。

陆小曼很快便恢复了常态，坐正了身子向翁瑞午打招呼："瑞午。"

"小曼。"翁瑞午也带着微笑。

徐志摩也是笑着的："我就说，你们一起唱曲，哪里还需要我的引见。"

翁瑞午听了这话摇了摇头，道："志摩引见之前，我同小曼并不能算是认识。"

陆小曼听了这话，起初并没有明白这话的意思。然而她也并没有发问，而是将话题引到了推拿上："却说我病了这么久，按摩针灸的人也是请过的。可是他们都不像你这般，片刻之内便让我好了起来。"

"你莫拿他们同瑞午比！瑞午下手可是有'手到病除'之称。"徐志摩在一旁打趣说。

"志摩抬举了。"翁瑞午谦虚道。

徐志摩又同翁瑞午说了一番感谢的话，而陆小曼却不怎么说话了。她一直在琢磨那句"志摩引见之前，我同小曼并不能算是认识"的意思。她们明明已经有过交谈，而非像以前只是知道彼此的名字却未曾对话，怎么能说是"不能算认识呢"？

一番寒暄后，三个人在徐志摩家吃了饭。一餐饭，三个人谈了很多，从文学到美术，从理想到生活，仿佛每个人都有说不完的话。徐志摩同陆小曼好久都没有说过这样多的话了，翁瑞午的存在，并没有让他们觉得有任何的不自在，反而让他们觉得如认识许久的老友一般亲切。

这一番谈话后，陆小曼才明白"算认识"在翁瑞午眼中的意思。如今经历饭桌上这一番谈话，不仅是陆小曼认识了翁瑞午，翁瑞午也认识了陆小曼。

待一餐用尽，陆小曼与徐志摩一齐把翁瑞午送到了门口，道别时，陆小曼轻轻对翁瑞午说："如今，我与瑞午可算是认识了。"

翁瑞午但笑不语。

何谓知己，知己就是一句话我只说三分，你却可以明白十分意思。

陆小曼唱了一次《思凡》，可谓是红遍了上海，此后找她登台演戏的人，可谓是络绎不绝。在一片片繁华和热闹的掌声中，陆小曼找到了她所认为的快乐。她开始演许许多多的戏。

然而，她的身体也是每况愈下。所幸，她有了翁瑞午。每每胃痛缠身，她便唤翁瑞午来。他亦每次都飞快赶到，为陆小曼推拿片刻，便可手到病除。

这许许多多时候，徐志摩总是不在的。

"瑞午，你这推拿手艺，学了多久？"

"怕还没有你患病的时间长。"翁瑞午笑。

"不如你将这推拿的手艺传授与我。"

"纵使我愿意教你，你也不会真的去学。"

"为何？"陆小曼觉得同翁瑞午讲话很有趣。

"因为学会了，也无法给自己推拿。若说给旁人推拿，你哪里肯。所以学推拿对你来说，完全无用。完全无用的东西，你哪里有工夫去学？"

陆小曼的眼睛眨了眨，沉默了一会儿，然后开口："你说得对。只

不过纵是有用的东西,我若是不爱,也不会去学。"

"那你都爱学些什么?"

这一问,陆小曼倒是无法立时给出答案。此刻,她倒是极喜欢唱戏的,可是她很清楚,那喜欢程度还没有可以称之为爱。因为,若是学唱戏的路上遇到许多困难,她也许是没有耐心去一一克服的了。仔细想了一番,陆小曼心中已经打定了主意,是画画。可是她不要告诉翁瑞午,因为一直是他在问她问题,她也要反问他。于是沉默几秒后她反问:"那你又爱学什么?"

"我爱学的,都已学会了。只差一样。"翁瑞午的神情很认真。

"是什么?"

"还不能告诉你。"

"你竟然不告诉我!"陆小曼嘟起嘴。

"你也并没有告诉我。"翁瑞午一向深沉,此刻说出这话却像是个讨价还价的孩子一般。

"嗯,那我告诉你。"陆小曼道。

"嗯,是什么。"

"是画画。虽然我已经算是会了,可是总归是不够好的。"陆小曼坦白,"你呢?"

"也是画画。"翁瑞午的目光似乎一下飘向了远处,"你也许不知道,我父亲就是一个画家。他画得很好很好。我总希望能画得同他一样好。可是,别的我都可以不费吹灰之力学会,唯独画画,我怎么也达不到自己想要的水准。"

话说到这里,徐志摩回家来了见了翁瑞午,招呼道:"瑞午,你也在啊。"

"嗯,刚为小曼推拿完。"瑞午道。

"志摩,你同我和瑞午一起来演一场《玉堂春》吧。"陆小曼见恰巧翁瑞午也在,便向徐志摩发出邀请。

"那策划者来和我说过，最近新月书店的事情的确有些忙。我便拒绝了。"还有他要四处兼职的事情，他没有提。

"我知是你拒绝了他，所以才再次邀请你。"陆小曼很明显已经有些不开心了。

"可是，我实在抽不出那样多的时间。"徐志摩道，近来，他在两个大学教书，还要去料理新月书店的事情，实在是心力交瘁。

陆小曼阴着脸，不说话。她记得徐志摩曾经在吃早饭的时候答应过她，日后要陪她一起唱一出戏。然而此刻，竟然找到这些凡俗的借口来推托。

翁瑞午见场面尴尬，用很轻松的口气说："志摩可能对我们的排演存有些误会，其实我们这一干票友大部分都是业余的，平常也都有别的事情忙，所以聚在一起排练的时间并不多。志摩只要看看剧本，再按自己所想发挥即可。亦费不了多少时间。"

徐志摩思量了一番，的确，看看剧本的时间他还是有的。他只是怕排演的时间与他上课时间冲撞了之后自己难以取舍罢了。如今这个顾虑解除了，他便也应允下来。

一九二七年十二月六日，天马剧艺会在夏令配克电影院组织了一场票友演出。其中一出，便是陆小曼、徐志摩、翁瑞午和江小鹣齐登台的《玉堂春》。

却说这《玉堂春》是由《三言二拍》里的一则故事改编而成，主人公王景隆是一个富家公子，于风尘之地认识了重情重义的风尘女子苏三。然而在银两被花销一空之后，他被老鸨无情赶了出去。苏三重情义，设法接济王景隆，并且和他一起设计拿回了曾经属于景隆的财物。王景隆返回南京发奋读书，最终考取了功名。他为此时已入冤狱的苏三昭雪，然而将她带回家中要娶为妻子时，却得到了父母的阻挠。就在苏三决定要削发为尼时，王景隆毅然弃官，与苏三厮守终身。

剧中,陆小曼饰苏三,翁瑞午饰王景隆,徐志摩饰红袍,江小鹣饰蓝袍。

戏中,陆小曼曾不止一次地觉得自己同苏三真的有那么点相似。然而,苏三出身低微又沦落风尘,与家境显赫养尊处优的陆小曼能有什么相似呢。也许,这种无端的相似感只是因为自己太入戏了,干脆把自己想象成了苏三。然而,苏三能遇到王景隆,也是万幸。论世间之男人,能有几个为了心爱之女子成就事业,又抛却事业,把情看作世间最宝贵的东西呢。戏内,翁瑞午就是王景隆,王景隆也即是翁瑞午。戏外,陆小曼也觉得翁瑞午同王景隆有那么点说不出来的相似之感。

然而,究竟是哪里相似,陆小曼却是无论如何都说不出来。

也罢也罢,戏复杂如人生,哪里能够说得清道得明。

这出戏,陆小曼和翁瑞午可谓演技惊人。然而拖着疲惫之躯来参演的徐志摩却显得有那么些生涩。他的表现不能算好,坐在那里,总把两只靴子伸到桌帏外面。

这出戏罢,叫好声自然是很响亮的,可是关于陆小曼和翁瑞午的绯闻也传了出来。

十二月十七日,《福尔摩斯小报》刊出一篇标题为《伍大姐按摩得腻友》的影射文章,署名为"屁哲"。其文如下——

诗哲余心麻,和交际明星伍大姐的结合,人家都说他们一对新人物,两件旧家生。原来心麻未娶大姐以前,早有一位夫人,是弓叔衡的妹子,后来心麻到法国,就把她休弃。心麻的老子,却于心不忍,留那媳妇在家里,自己享用。心麻法国回来,便在交际场中,认识了伍大姐,伍大姐果然生得又娇小,又曼妙,出落得大人一般。不过她遇见心麻以前,早已和一位雄赳赳的军官,一度结合过了。所以当一对新人物定情之夕,彼此难免生旧家伙之叹。然而家伙虽旧,假使相配,也还像新的一般,不致生出意外。无如伍大姐曾经沧海，她家伙也似沧海一般。心麻书生本色，一粒粟似的家伙，投在沧海里，正是漫无边际。因此大姐不得不舍诸他求，始初遇见一位叫做大鹏的，小试之下，也未能十分当意，芳心中未免忧郁万分，镇日价多愁多病似的，睡在寓里纳闷，心麻劝她，她只不理会。后来有人介绍一位按摩家，叫做洪祥甲的，替她按摩。祥甲吩咐大姐躺在沙发里，大姐只穿一身蝉翼轻纱的衫裤，乳峰高耸，小腹微隆，姿态十分动人，祥甲揎袖捋臂，徐徐地替大姐按摩，一摩而血脉和，再摩而精神爽，三摩则百节百骨奇痒难搔。那时大姐觉得从未有这般舒适，不禁星眼微饧，妙姿渐热，祥甲那里肯舍，推心置腹，渐渐及于至善之地，放出平生绝技来，在那浅草公园之旁，轻摇、侧拍、缓拿、徐捶，直使大姐一缕芳魂，悠悠出舍。此时祥甲，也有些儿不能自持，忙从腰间挖出一枝短笛来，作无腔之吹，其声呜呜然，啧啧然，吹不多时，大姐芳魂，果然醒来，不禁拍桌叹为妙奏。从此以后，大姐非祥甲在傍吹笛不欢，久而久之，大姐也能吹笛，吹笛而外，并进而为歌剧，居然有声于时，一时沪上举行海狗大会串，大姐登台献技，配角便是她名义上丈夫余心麻，和两位腻友：汪大鹏、洪祥甲。大姐在戏台上装出娇怯的姿态来，发出凄惋的声调来，直使两位腻友，心摇神荡，惟独余心麻无动于中。原来心麻的一颗心，早已麻木不仁了。时台下有一位看客，叫做乃翁的，送他们一首歪诗道：诗哲当台坐，星光三处分，暂抛金屋爱，来演玉堂春。

　　这文章可以说是下流非常了。并且影射得也非常明显，不需细想也可以知道，余心麻是指徐志摩，伍大姐是指陆小曼，王大鹏便是江小鹣，洪祥甲便是翁瑞午。

　　这四人看到文章的心情可想而知。其中，徐志摩可以说是最为尴尬的一个人了。一方面是妻子对自己的不理解，一方面是外界的攻击嘲讽，他的痛苦无人可诉，是以在十二月二十七日的日记里写下这样的字句：

"我想在冬至节独自到一个偏僻的教堂里去听几折圣诞的和歌,但我却穿上了臃肿的袍服上舞台去串演不自在的'腐'戏。我想在霜浓月淡的冬夜独自写几行从性灵暖处来的诗句,但我却跟着人们到涂蜡的跳舞厅去艳羡仕女们发金光的鞋袜。"

  这篇带着攻讦意味的下流文章,写得实在是太露骨了,租界巡捕房也参与其中进行干涉,然后以有伤风化的罪名将它检举,让临时法院处以警告。然而,这文章在上海滩流传甚广,对文中四个人的名誉都造成了很大的伤害。陆小曼、徐志摩、翁瑞午和江小鹣都觉得这处罚实在是太轻了。于是四人聘请了律师,向法院提出刑事诉讼,起诉的对象是《福尔摩斯小报》的编辑吴微雨。陆小曼和徐志摩此前便受过谣言中伤,对这些八卦小报实在深恶痛绝,所以他们一定要追究到底。

  一九二八年一月十一日午后,法庭公开审理了此案。

  审理的结果是:周推事详加审核之下,以本案与捕房所诉同一事实,不便再予受理,当庭驳回并谕知原告人,如欲要求赔偿名誉损失,应另行具状向民庭起诉。

  此事就这样不了了之。

裂　隙

因为北方的战乱，陆家已是大不如前。于是陆家二老干脆搬到了上海来与女儿同住。《福尔摩斯小报》的事情过去不久后，徐志摩便同陆小曼搬到福煦路四明新村 613 号。

这里之所以起名为四明村，是因为这里是四明银行的物业。四明村可谓是真正的高级住宅区。这里的一栋栋公寓，高傲地屹立在上海滩最为繁华的地段，像是一片郁郁葱葱的森林。在这里，每栋房子都是双开间，前面的开间是两层楼，而后面的开间则是三层楼，大气而华丽。在当时，这可以说是最为上乘的住宅了。陆小曼在此租了一栋，每个月租金是一百元银洋。

租住最上乘的住宅，可是陆小曼和徐志摩却没有最上乘的收入。同是作家，郁达夫的收入已经算是高的了，然而这一百元银洋的租金，是可以维持郁达夫同王映霞一家大半个月的开支了。

除却租金，陆小曼家里备有小轿车一辆，用人十名。司机、厨师、男仆、贴身丫头，一应俱全。这些丫头用人，也是衣着光鲜亮丽，旁人看了，还以为是主人家的小姐。然而陆小曼不仅讲究家里的排场，吃穿用度统统要最好的，就连擦手的丝帕，也只要法国的牌子。见了喜欢的东西，不论家中需不需要，不论价格高低，她一律买回。

此时由陆小曼的母亲掌握家庭经济，她曾经向郁达夫和王映霞诉苦道："每月至少得花银洋五百元，有时要高达六百元。这个家真是难当，我当不了了！"

这个数字，连心高气盛的王映霞都为之讶然。那时的五百多元，可以买六两黄金，以现在的人民币来说，要花二万元左右（以20世纪80年代末的情况估算）。郁达夫也当即对陆小曼的挥霍感到不满，然而他也没有对陆小曼的母亲说什么，只是私下里对王映霞说："小曼这样的大手笔，真是害苦了志摩！"

这时郁达夫和王映霞夫妇居住在赫德路嘉禾里前弄，与徐志摩和陆小曼的住所仅仅一里之遥。郁达夫同徐志摩是好友，经常去拜访。同时自惜君走后，陆小曼的私房话都没有人讲，王映霞经常来她家，她和王映霞都是一代才女，自然聊得投机，成了好友。

王映霞仍然记得她第一次看到陆小曼抽鸦片的情景。

那日她和郁达夫一同来到徐家，因为已经十分熟稔，并没有通报，直接去了二楼。陆小曼的卧房正在二楼，是一座统厢房，非常宽敞。卧室之中的家具统统是红木材质。室内的陈设也很是精致奢华，古玩、花卉、罗汉松皆有。墙壁上挂着许多精致的书画，有刘海粟的油画，有陆小曼自己画的山水画，还有梁启超的立轴。书画与古玩配以红木家具，让整间卧室带有时光的厚重感。

到达陆小曼和徐志摩的卧房时，徐志摩并不在家。卧室里只有陆小曼和翁瑞午两个人，陆小曼正吸着鸦片烟。

见王映霞的目光停留在陆小曼烟榻的灯罩上时，陆小曼叹了一口气，向王映霞解释道："吃鸦片烟不是好事，我也偶一为之而已。我是多愁善病的人，患有心脏病和严重的神经衰弱，一天总有小半天或大半天不舒服，不是这里痛，就是那里痒，有时竟会昏迷过去，不省人事。在北平时，曾经住过一年多医院，简直把医院作为我的家了。喝人参汤，没有用；吃补品，没有用。瑞午劝我吸几口鸦片烟，说来真神奇，吸上几口就精神抖擞，百病全消。"

王映霞彼时与陆小曼还没有深交，又碍于翁瑞午在场，只是唯唯诺诺，没有多说话。

翁瑞午在一旁看了王映霞的表情，想再多解释一番，可终是欲言又止，只是同他们一起闲话家常。

自王映霞与陆小曼熟稔之后，郁达夫总是让王映霞劝劝陆小曼，吃穿用度节省一些。王映霞心里倒是了然，这劝说之语徐志摩定然已经说了不下百遍了。自己的丈夫劝说都没有用，她一个外人说话又能有什么用呢。

陆小曼的房间里，总是挂着厚厚的窗帘，白日里几乎不会打开。王映霞只是劝陆小曼注意自己的身子。

而陆小曼却说出了心里的苦楚："照理讲，婚后生活应该过得比过去甜蜜而幸福，实则不然，结婚成了爱情的坟墓。志摩是浪漫主义诗人，他所憧憬的爱，是虚无缥缈的爱，最好永远处于可望而不可即的境地，一旦与心爱的女友结了婚，幻想泯灭了，热情没有了，生活便成了白开水，淡而无味。志摩对我不但没有过去那么好，而且干预我的生活，叫我不要打牌，不要抽鸦片，管头管脚，我过不了这样拘束的生活。我不想做笼中的小鸟，我要飞，飞向郁郁苍苍的树林，自由自在。"

"可是小曼，爱情是轻松的，婚姻却意味着更多责任。志摩要负担起这样一个家，也有许多难处。"王映霞暗指徐志摩为了赚钱四处兼职的事情。

"他有难处，我便没有吗？他总是叫我体谅他的难处。却从来不肯体谅我的难处。我在床榻之上疼得生不如死的时候，他在哪里？"

"许是在为生计奔波。"王映霞心直口快。

"生计重要还是我重要？"陆小曼有些生气了。

王映霞但笑不语。

陆小曼开始对徐志摩失望，徐志摩也开始对陆小曼失望了。

一九二八年春节前后，徐志摩写了几则日记——

对不对像是分一个糖塔饼，永远分不净匀。

爱的出发点不定是身体，但爱到了身体就到了顶点。厌恶的出发点，也不一定是身体，但厌恶到了身体也就到了顶点。

最容易化最难化的是一样东西——女人的心。

朋友走进你屋子东张西望时，他不是诚意来看你的。

怀疑你的一到就说事情忙赶快得走的朋友。

过去的日子只当得一堆灰，烧透的灰，字迹都不见一个。

我唯一的引诱时佛，它比我大得多，我怕它。

正月初七称重一百三十六磅（连长毛皮袍），曼重九十。

徐志摩写完日记，长长地吁了一口气。他看着自己写下的"厌恶到了身体也就到了顶点"，觉得触目惊心。他竟然对陆小曼写出这样的话来。

为了陆小曼，他确实已经做了太多让自己觉得厌恶的事情了。去外地出差，为了节约旅费，住在朋友家蹭吃蹭住。为了供养陆小曼，像外面举借外债。徐志摩一向高傲，可是如今竟要如此放低自己，他心中的痛苦是不言自明的。甚至在陆小曼要动用恩厚之给徐志摩打的款子购置戏装的时候，徐志摩几经犹豫，还是放下了要带陆小曼去国外的梦想同意了。一切的一切，徐志摩做了太多的妥协。可是陆小曼还是一如往常，丝毫不为徐志摩的话动摇几分。

他闭上眼睛，想起陆小曼理直气壮的样子："你总是叫我振作。振作有什么用呢？你再振作，忍耐了再多劳累，几十年后，是不是要化作一抔土。你愿意选择振作，你可以去做。可是，不要来干涉我的选择，我有我的自由。"

陆小曼的这些话，总教你无法反驳。三言两语，他还真的说不清人活于世振作究竟有什么用。

有时候他想不明白：这个世界上只要弱肉强食、成王败寇就可以了，要文明和人道有什么用呢；人活在世界上只要能吃饱穿暖、不受牢狱之苦便好了，冒险追求自由和民主有什么用呢；只要有了名利和地位随便找一个配得上自己的人结婚也不错，那么爱情又有什么用呢。

想了好久，他对自己说——因为人心有恻隐，有信仰，有知觉。

作　别

　　一九二八年的冬天终于悄无声息地离开，承接它的，是春日的浅浅暖意和醉人的青草香气。这一年的春天，丝毫没有因为战争的硝烟而暗淡丝毫。

　　因为经济上的原因，徐志摩不得不另外讲授一门课。这一年春季开学后，徐志摩应聘为苏州东吴大学法律学院的教授，主讲英国文学。同时受聘的还有他的好友胡适、金岳霖和潘光旦。除却教书，对《新月》杂志的主持仍然是徐志摩生活的重心。这一时期，虽然忙碌，但徐志摩觉得由衷充实。

　　然而充实的日子没有过得了几个月，日历便翻到了一九二八年五月三日。这一天，发生了使中外震惊不已的"济南惨案"。

　　当局的怯懦，使得济南无数无辜百姓罹难。早在北伐军进军江浙的时候，徐志摩便心怀不满，此刻，他更是忧愤难忍，在日记里写下了这样的话——

　　这几天我生平第一次为国事难受……这回却既不是纯粹感情问题，也不是理性所解剖的现象，一方面日本人当然是可恶，他们的动作，他们的态度，简直没有把我们当作"人"看待，且不说国家与主权，以及此外的一切体面的字样,这还不是"欺人太甚"?有血性的谁能忍耐?但反过来说,上面的政府也真是糟,总司令不能发令的,外交部长是欺骗专家,中央政府是昏庸老朽的收容所,没有一件我们受到人家侮辱的事不可以追原道我们自己的昏庸。但这把火是已经放下了,房子倒下来不单是压死在政的党员,外来的侮辱是人人分着的,这是那里说起?我们来尝不想尽点责任,向国外说几句话,但是没有"真理"就没有壮气,我们的话没有出口,先叫自己的舌头给压住了。我们既不能完全一任感情收拾起良心来对外说谎,又不能揭开了事实的真相对内说实话,这是我们智识阶级现下的两难。

家事无法为外人言说,国事又郁积于心,徐志摩此时的状态可谓是差到了极点。

他想逃,他想逃到国外去。

他很快告诉了胡适他的想法,胡适表示赞同。恰巧王文伯也要去美国,他们便约定了一同去。

比起上一次徐志摩出国,这一次陆小曼并没有依依不舍。

"眉,我决定去美国待一阵子。"徐志摩语气平静。

"去多久?"

"也许是几个月。"

"你独自去?"陆小曼话语里已没有一丝波澜。

"不,王文伯也恰巧要去美国,我同他一起。瑞午前阵子送了我一批古玩,我心想着带到美国去卖了,也好还上外债,贴补家用。"徐志摩向陆小曼说。

一提到外债、家用这样的字眼,陆小曼是极不爱听的。因为徐志摩曾经多次指责她,说都是她乱花钱才使得家里债台高筑。陆小曼用很不友好的语气问徐志摩:"那么去美国的路费,也是要不少吧?"

徐志摩并没有听出陆小曼口中不善的语气，答道："自然是。"

"哦，那怕是又要借更多外债了。"陆小曼说罢叹了一口气。其实她根本不在乎家里欠了多少钱，她只是提醒徐志摩，欠的钱并非她一人的花销。

话说到这个份上，徐志摩再往善意里揣度陆小曼也是能听出她的意思的了。他知道，再说下去又是一场争吵，便转身走出了陆小曼的房间。

这转身离开不过是避免争吵的举动。然而对于陆小曼来说，同自己说话，话没说完便拂袖而去，这是对她的不尊重。

陆小曼同徐志摩赌气，徐志摩临行那天没有去送他。

那一日，陆小曼却醒得格外早。可是她没有起身。昨晚，徐志摩睡在次卧里，次卧也在二层。陆小曼把自己埋在被子里，门外有人走动的声音她听得格外清楚。她知道，是徐志摩要出门了。她知道，今日若不出去看徐志摩一眼，怕是要几个月都见不到了。这些日子，他们虽然总是吵架，徐志摩经常一连几天住在次卧里不与陆小曼同睡，可是陆小曼已经好久不曾尝试过几个月见不到徐志摩了。

上一次，那几个月里，她每一天都思念他，思念得肝肠寸断。

这一次，徐志摩还未曾离去，陆小曼就已经知道，那样的思念不会再有了。

然而，她不清楚，她此刻窝在被子里的踌躇究竟是因为什么。

终于，门外安静了下来。陆小曼又屏住呼吸，想要听家里汽车启动的声音。可是她在安静的卧室里等了许久也没有等到汽车发动的声音。也许，他没有搭家里的车离开吧。

厚重的深咖啡色窗帘遮住了窗外的光，陆小曼伏在床上，看不清钟表的指针。静默里度过了几分钟，陆小曼缓缓坐了起来，不需要依靠视觉就扯过了放在一旁的睡袍，披在了身上。她走到窗边，一把掀开了窗帘。

在那一个瞬间，窗外明媚的日光倾泻而下。陆小曼下意识地眯了眼睛。那光实在太强了，照得整个房间都与平素里不一样了。陆小曼呆站了几秒，然后捋了捋自己的头发，坐在了自己的书桌前。

那书桌乱作一团，散开的信纸，杂陈的书，几支钢笔随意地躺在桌子上。此刻它们在阳光下都显出一种别样的感觉。为什么会有这样的感觉，是因为徐志摩走了，还是仅仅因为陆小曼在白日里拉开了她永远垂着的窗帘。

陆小曼拉开右手边的第一个抽屉。空旷的抽屉里只有一本书。书籍最怕落灰了，是以许多书架都配以玻璃门。这书，陆小曼懒得塞到书架里去，却也恐它落灰，所以把它放在了抽屉里。她的左手轻轻捏着那书的书脊，右手轻轻划过书的封面，似乎那书上还留着赠书人的体温。然后，她打开书，书的扉页上是再熟悉不过的字迹——一本纯粹性灵所产生，亦是为纯粹性灵而产生的书。

那书，是一九二七年元旦前徐志摩送给她的礼物，一本《曼殊斐儿日记》。

读完这句话，来不及多想，她便听到了叩门声。脑海中呼地闪过翁瑞午的面庞，然后说了一声"请进"，接着把书平放在书桌上，起身。

不出所料，叩门之人果然是翁瑞午。

陆小曼发自内心地嫣然一笑。

翁瑞午亦报之以笑。

这一笑，既是对翁瑞午的迎接，更是对徐志摩的作别。

徐志摩走后，倒是快活了不少，先游美国再游英国，又得到了恩厚之的资助。然而，再怎么眷恋国外的生活，他都总归是要回国的。

十一月六日，徐志摩在回国的船上写了一首诗，题为《再别康桥》，全诗共七节，是用英文写的。这首诗可谓是徐志摩的代表作，同时也写出了诗人心中的无奈与感慨，实有必要附以原文——

Very quietly I take my leave
As quietly as I came here;
Quietly I wave good-bye
To the rosy clouds in the western sky.

The golden willows by the riverside
Are young brides in the setting sun;
Their reflections on the shimmering waves
Always linger in the depth of my heart.

The floating heart growing the sludge
Sways leisurely under the water;
In the gentle waves of Cambridge
I would be a water plant!

That pool under the shade of elm trees
Holds not water but the rainbow from the sky;
Shattered to pieces among the duckweeds
Is the sediment of a rainbow-like dream?

To seek a dream?Just to pole a boat upstream
To where the green grass is more verdant;
Or to have the boat fully loaded with starlight
And sing aloud in the splendour of starlight.

But I can not sing aloud
Quietness is my farewell music;
Even summer insects heep silence for me
Silent is Cambridge tonight!

Very quietly I taka my leave
As quietly as I came here;
Gently I flick my sleeves
Not even a wisp of cloud will I bring away.

此诗写就后,由一个不知名的中国人翻译了过来——

轻轻的我走了,
正如我轻轻的来;
我轻轻的招手,
作别西天的云彩。

那河畔的金柳,
是夕阳中的新娘;
波光里的艳影,
在我的心头荡漾。

软泥上的青荇,
油油的在水底招招摇;
在康河的柔波里,
甘心做一条水草!

那榆荫下的一潭,
不是清泉,是天上虹;
揉碎在浮藻间,
沉淀着彩虹似的梦。

寻梦？撑一支长篙，
向青草更青处漫溯；
满载一船星辉，
在星辉斑斓里放歌。

但我不能放歌，
悄悄是别离的笙箫；
夏虫也为我沉默，
沉默是今晚的康桥！

悄悄的我走了，
正如我悄悄的来；
挥一挥衣袖，
不带走一片云彩。

世人皆以为徐志摩作别的是康河，殊不知，诗人作别的，是他的理想。

作为一个诗人，迫于家庭的压力，要整日将自己压抑于柴米油盐之内，这是何等的残忍。

"生活除了眼前的苟且，还有诗和远方。"

然而此时，他作别的是诗和远方，即将要回到上海家中那片烟雾缭绕的苟且里去。

第八卷

到老不作寻仙梦

绝　望

回到上海，徐志摩的心境是忐忑的。他心中一直对陆小曼能够改变抱以期待。他希望，自己在国外的这段日子里，陆小曼已经找到了生活的乐趣，已经试着振作起来。

可是当他踏入家门，走上二楼的楼梯，站在门外看见妻子同翁瑞午谈笑的情景。那一切宛如昨日，好像徐志摩从来都没有离开过。从陆小曼的脸上，徐志摩丝毫看不到对他的想念，看不见一点点想要好好生活的意念。他所看到的，只是遍布整个卧室的鸦片烟雾，他甚至都不想挪动脚步，生怕那鸦片的烟污了自己。

他似乎听到了"哗"的一声，好像什么锋利的东西割破了他的心脏，他的鲜血迸发而出的声音。他感受到，他的心死了，可是他丝毫不觉得疼痛。

心已经死了，可是为什么在死的那一个瞬间，我感受不到疼痛。

一九二九年五月二十九日，徐志摩写了一首名为《生活》的诗。梁实秋说是写实，想必是徐志摩那时真实的心境了——

阴沉，黑暗，毒蛇似的蜿蜒，

生活逼成了一条甬道：
一度陷入，你只可向前，
手扪索着冷壁的粘潮，

在妖魔的脏腑内挣扎，
头顶不见一线的天光，
这魂魄，在恐怖的压迫下，
除了消灭更有什么愿望？

然而，纵然已经用上了"粘潮""妖魔的脏腑"这样的词语，徐志摩还是选择了忍耐。

由俭入奢易，由奢入俭难，况且，陆小曼从来都没有尝过"俭"的日子。也许叫她改变，的确是非常艰难的。徐志摩还是在心里为陆小曼找了一个这样的借口。

"如果有才华，不妨为国家和人民做点事；如果没有，那就守护好自己的家庭。"徐志摩始终记得自己说过的这句话，为国家和人民做事，此刻或已经不可能了。然而，他还是要守护好自己的家庭。纵然，他的心已经死了，他再也不愿去爱那个在烟榻上流连不起的女人了。

爱情也许可以死，但责任却不能轻抛。

他还是继续了曾经自己在光华大学的教职。一九三零年，徐志摩又兼了南京中央大学的功课。除此之外，每晚下课后，徐志摩便埋头在家中为中华书局编选文学丛书，以赚取外快。此时，徐志摩每个月的收入已经在千元以上，却还是满足不了陆小曼的花销，所欠外债，也依然没有还补上。

纵然家中的妻子不能给徐志摩丝毫快乐，但徐志摩总算在教职中寻到了一丝安慰。

徐志摩在光华大学教的课是极受欢迎的。学生们喜欢他，他也乐于和学生们分享他自己的生活。

那时他在中央大学兼课，常常前一天在南京上课，然后乘夜里的车返回上海，第二日赶回光华上课。有一日，徐志摩带着愉快的心情走进了教室，给同学们分享了他从南京坐飞机到上海的感受："你们以为我昨晚搭夜车来的吗？啊，不，是从南京飞回来的。我在欧洲时，从巴黎到伦敦曾坐过一次飞机，结果因为天气恶劣，在机上大晕，从巴黎吐到伦敦，昏沉中，只见英吉利海峡里满海的白雾而已。这次中国航空公司送我一张票，我昨天从南京飞来，啊，你们没有坐过飞机的人。我跟暑天晚上挂在蓝色天空里闪亮的星星一样，在天空中游荡，再也不相信我是一个皮肉造成的人了。从窗口向地上望，多么渺小的地球，多么渺小的人类啊！人生的悲欢离合，一切的斗争和生存，真是够不上我们注意的。我从白云里钻出，一忽儿又躲在黑云里去。这架飞机带着我的灵魂飞过高山，飞越天湖，飞在闹市上，飞在丛林里，我当时的希望，就这样的飞出了空气的牢笼，飞到整个的宇宙里去！我幻想我能在下一刻飞在地王星与天王星的中间，把我轻视的目光，远望着这一座人们以为了不得的地球，让我尽量的大笑一下吧：'你这座可怜渺小的地球，你们这辈住在地面上的小虫儿，今天给我看到你的丑态了！'啊，我快活得跳起脚来，只可惜它没有带我出这空气的范围，今天我还是到这里来，和你们相对地坐着上课了。"

徐志摩那时候还不知道，飞机可以带给人快活，也可以带给人痛苦。

在外讲学是痛快的，回家却是痛苦的。

然而徐志摩想避着陆小曼，陆小曼却未想避着徐志摩："志摩，你回来了。"

"嗯。"徐志摩头也不抬，然后走进书房，抱起了"法国王"，脸上马上浮现了笑。

陆小曼见徐志摩对那猫比对自己还亲昵，不禁生气："你可是觉得，那猫比我还可爱？"

徐志摩没有说话。

也许在他眼里，那猫确实是比陆小曼可爱了。陆小曼又问："抑或，你是觉得，这猫的主人，比我可爱？"

这猫，是张歆海的妻子韩湘眉送的。韩湘眉、林徽因、凌叔华、冰心并称当时学生界的四大美人。韩湘眉与徐志摩的关系甚好，不论人前人后，总要吻别。这种事，陆小曼倒是看得开，只当是礼节罢了。可是此时徐志摩不理陆小曼，却去抱韩湘眉送的猫，陆小曼实在气极。

"没有，我只是有些累罢了。"徐志摩马上开口解释。

"你在赴欧船上看美女时，可是也会累的？"

徐志摩一惊，然后想起来自己出国时给陆小曼写信，曾经提到过船上的女侍，他没有想到，这也能被陆小曼拎出来说。他叹了一口气："你何必无理取闹呢，我又是哪里得罪了您？"

陆小曼"哼"了一声，想转过身走回自己的房间，可是却忽然捂住自己的肚子蹲了下来。

徐志摩见状赶紧过来扶她："怎么了，可是胃疼？"

陆小曼咬着嘴唇，不回答徐志摩，她生了徐志摩的气。

徐志摩马上替陆小曼喊了翁瑞午来。翁瑞午一来，仍旧是手到病除。陆小曼脸上的愁苦相不见了，热切地同翁瑞午谈起了近期上海画展的事情。

徐志摩见状，同翁瑞午交代了一声："瑞午，我近期还得编一批书，你且陪着小曼，我先去书房了。"

"好。"

此时，徐志摩再也不想在上海待着了。他早已有计划，去北平教书，并且就住在胡适家里。

他去北平路过南京，于情于理都不能不去探望一下张歆海夫妇。这时，韩湘眉知道他是真的要去北平了。她的猫是赠予徐志摩的，如今他要走了，那么她的猫是不能留给陆小曼的。所以，她对徐志摩说了一句话："我因你去北平，将它领回。"

这一句话说得很是轻巧，可是却叫徐志摩为难。他与小曼刚刚因了那猫吵架，如今只因为徐志摩走了，猫也不能留在家里了，如何同小曼开口呢。

然而，韩湘眉要那猫要得很急，直催着徐志摩给陆小曼写信。无奈之下，徐志摩到了北平后的第二天，便给陆小曼写了信，里面提起此事——

说起湘眉要那猫，不为别的，因为她家后院也闹耗子，所以要她去镇压镇压。她在我们家究竟是客，不要过分亏待了她，请你关照荷贞等，大约不久，张家有便，即来携取的。

"后院闹耗子"之言，不过是个借口，这一点，聪敏如陆小曼，不会不明白。徐志摩竟然因为韩湘眉要那猫，便写下如此话语，而且是刚到北平便写了这信，陆小曼只觉得失望。

一九三一年二月二十日，也就是农历正月初四，徐志摩抵达了北平。第二天，他便去看望了林徽因夫妇。

这件事，陆小曼也是知道的。而徐志摩自然知道，陆小曼会知道。

所以徐志摩便给陆小曼写了信，说林徽因在重病中，他只是尽朋友义务前去看望。这一番话，陆小曼自然是不会相信。丈夫对旧情人的挂念，她怎么能够忍耐。

她给徐志摩写了信，可是换回的只是徐志摩的敷衍和解释。

她终于心灰意冷，连信都懒得写了。况且，身边有翁瑞午这样的知己陪伴着她,她为何又要去想着那个私会旧情人的丈夫。

一九三一年四月二十三日,徐志摩的母亲与世长辞。

徐志摩想带着陆小曼来参加母亲的葬礼,可是徐申如不让。张幼仪却以干女儿的身份参加了葬礼。

无疑,陆小曼的心里是很沮丧的。不让她去参加婆婆的葬礼,意味着徐家不承认她这个儿媳妇。

心情上的压抑,陆小曼只能用挥霍来发泄。生活上没有伴侣亦没有趣味,她只能通过买那些新奇之物来取悦自己。本来就已经是入不敷出,如今她更是支撑不起家中的经济,便写信给徐志摩求助。

六月上旬,徐志摩在老家给逝去的母亲过"七七"。六月十一日,他才回到北平,看见陆小曼的来信。三天后,他给陆小曼回了信说明手头的拮据。徐志摩想不明白,陆小曼是怎么花钱的。三月到六月间,他陆陆续续给家里的钱已经有三千元之多,竟然还不够家用。向外举借外债把徐志摩都借怕了,那些债到现在都没有完全还上。

未及小曼回信,徐志摩十六日又给陆小曼去了信,说这边天气已经热了,他没有可以替换的衣服。他又随口说家里乱,叫他都找不到家里的衣服带过来。又说这次来北平带了些玉器,想要卖给外国人赚些钱,可是效果都不太好。

未等小曼回信,二十五日徐志摩又给陆小曼去了信,说他月内没有办法回上海了。因为来回的票都卖了垫用,如今自己还在借钱度日。并且在托张歆海为他想办法,坐飞机回去。末了,徐志摩说自己是不愿意冒险的,实在是为了省钱。又嘱咐说那欧亚航空是很稳妥的,让陆小曼不用担心他。

徐志摩所忍受的痛苦,以及为陆小曼所牺牲掉的东西,陆小曼一并看不见。徐志摩写了三封信,陆小曼才回复了一封,语气也很是淡然——

顷接信,袍子是娘亲手放于箱中,在最上面,想是又被人偷去了。家中是都已寻到一件也没有。你也须察一下问一问才是,不要只说家中人乱,须知你比谁都乱呢。现在家中也没有什么衣服了,你东放两件西存两件,你还是自己记记清,不要到时来怪旁人。我是自幼不会理家的,家里也一向没有干净过,可是倒也不见得怎样住不惯。像我这样的太太要能同胡太太那样能料理老爷是恐怕有些难吧,天下实在很难有完美的事呢。

玉器少带两件也好,你看着办吧。

既无钱回家何必拼命呢,飞机还是不坐为好。北平人多朋友多好处多,当然爱住,上海房子小又乱又下流,人又不可取,还有何可留恋呢!来去请便吧,浊地本留不得雅士,夫复何言!

信中,"不坐"二字周围加了四个小圈,以示郑重。让徐志摩不要坐飞机,陆小曼是早早就给了他这个建议。

永 诀

上海同北平之间的两地奔波,让徐志摩觉得异常疲惫。况且,徐志摩与陆小曼两地分居更增花销。于是徐志摩向陆小曼提出,让她同自己一同搬到北平来。可是得到的却是陆小曼的果断拒绝。

这一学期,徐志摩已经晋升为北大的研究教授,也叫基金教授。研究教授的薪水是最高的,而且是保证不会欠薪的。徐志摩一个人教了四门课程,还兼着女子大学的课程。然而即使是这样,徐志摩也总是担心着经济上的事。

恰巧此时有两宗房地产生意,若是成功的话可以得到相当多的佣金。一个是蒋百里的房子要出售,而另一个是何竞武要卖房子。佣金有两厘五,一边收一半。两笔加在一起,怎么也可以收到将近两千元,这对于徐志摩来说,是一笔不少的补贴。

这笔交易,在十月二十九日给小曼的信中提到了——

车怎样了?绝对不能再养的了!

大雨家贝当路那块地立即要出卖,他要我们给他想法。他想要五万两,此事瑞午有去路否?请立即回信。如瑞午无甚把握,我即另函别人设法。事成我要二厘五的一半。如有人要,最高出价多少,立即来信,卖否由大雨决定。

明日我叫图南汇给你二百元家用（十一月份），但千万不可到手就宽，我们的穷运还没有到底；自己再不小心，更不堪设想。我如有不花钱的飞机坐，立即回去。不管生意成否。

我真是想你，想极了！

为了供养陆小曼，纵然是做房地产生意这样与身份不符的事情，这位诗人也去做了。

陆小曼收到了信，也是给了徐志摩回复的。因为事情太复杂，便给徐志摩写了封短信，叫他回来商议——

摩：

你来不来，今天还不见来电，我看事情是非你回来不成，还是为人多坐回火车吧。况且这种钱不伤风化的，小蝶不也是如此起家的吗？你不要乱想，来吧。大雨信转交，我到现在才覆。也许此信不达你了。

徐志摩定了是十一月七日搭张学良的福特机回上海的。所以陆小曼估摸这信徐志摩是收不到了的。可是六号晚上徐志摩又接到来电说，走不了了，要推迟。徐志摩本来打算给小曼一个惊喜，却一拖再拖。

飞机的一再延期，倒是让徐志摩在南归之前，几乎见到了所有在北平的朋友。他们一一向徐志摩告别。

临行前，徐志摩见了叶公超，对他说："明天一起去上海吗？机票来回免费。"

叶倒是一口拒绝："去上海又没有事情，不去！"

又见了许地山，是在前门。人潮拥挤，徐志摩同梁思成、林徽因夫妇在一道。

徐志摩同许地山说:"地山,我就要回南了呢。"

"什么时候再回到北平来?"

徐志摩脸上是玩笑的态度:"那倒说不上,也许永不再回来了。"

那个时候的徐志摩是悠然的,他并不知道何为真正的一语成谶。

直拖到九号,徐志摩又给陆小曼去了信,告诉她要延期几日回去。他这边又身系要务,所以只能待几天便要回去了,他怕陆小曼生气,也是提前去了信给陆小曼解释——

我此行专为看你:生意能成固好,否则我也顾不得。且走颇不易,因北大同人都相约表示精神,故即成行亦须于三五日内赶回,恐你失望,故先说及。

然而,这信未到,徐志摩便先到了上海。

十一日,徐志摩于早晨六时由北平起飞。抵达南京后去看了张歆海和韩湘眉夫妇,同他们聊了一个下午。晚上,他们夫妇二人送徐志摩去了火车站。徐志摩当晚抵沪。

进了家门,陆小曼正在饭桌前等着他:"摩,果然是今天。"

"你是在等我?"一反常态的妻子让徐志摩很是暖心。

陆小曼做出东望望西望望的样子:"这里还有旁人吗,不是等你我是等谁呢?"

徐志摩轻轻走到了陆小曼身旁,拥住了她。他感受到,陆小曼愈加瘦了,又不由心痛起来:"小曼,你又瘦了。你何苦呢?"

"你接下来又要劝我戒烟?"陆小曼听了徐志摩的话,语气一下冷了下来。

"戒了又有何不可?"

"我何必戒？"

"你看你都瘦成什么样子了？"

"瘦又能怎样呢？"陆小曼不知不觉间提高了音量。

"鸦片有害你的身体啊。"徐志摩说。

陆小曼不想再继续这个话题，她并不想丈夫一回来就和他吵架。虽然他所作所为已经让她失望，可是那么多个午夜梦回，她想起的，终究只有他。陆小曼沉默了一会儿，坐在饭桌旁："这饭你吃不吃？"

"吃！"徐志摩也坐下，同陆小曼一起吃那一桌已经有点凉了的饭。

这饭已经做好一阵子了，陆小曼就是这样坐在饭桌旁等了那么久。

吃饭时两个人一直缄默无言，末了，徐志摩说了一句："小曼，我是爱你的。"

小曼徐徐转过身，望着徐志摩的眼睛，道："志摩，我也是。"

徐志摩只在家停了两天，与郁达夫在家里会了面。十四日，徐志摩便去了刘海粟处。刘海粟从国外带来了许多新作，徐志摩在他处停留了大半天。以至于没有见到去他家找他的邢鹏。

十一月十五日，徐志摩独自返回了硖石老家。十六日，他依然停留在硖石。

再回到上海，是十七日上午了。他知道，不能与小曼相聚多久自己就又要回北平去了，所以在心里一直告诫自己此番不要再与陆小曼吵架了。

徐志摩不知道，陆小曼刚刚得知林徽因十九日要在协和礼堂做演讲的事情。她总算是明白了丈夫好不容易回家一趟，为何又急着赶回北平。况且，徐志摩信里一遍又一遍说自己是为了陆小曼才回上海，可是只在家中停留了一天徐志摩便跑了出去。此刻陆小曼正生着闷气，然而徐志摩丝毫没有察觉。

他走上二楼，又闻到了那令他熟悉无比又厌恶无比的烟味。他重重地叹了一口气,他不能不劝陆小曼:"眉,我爱你,深深地爱着你,所以劝你把鸦片戒掉,这对你身体有害。现在你瘦成什么样子,我看了,真伤心得很,我的眉啊!"

陆小曼见了徐志摩,更是气。他要么就不回家,一回家就是说要她戒烟的事情。陆小曼一气之下将手里的烟枪冲着徐志摩丢了过去。徐志摩赶快躲了开,然后金丝眼镜掉在了地上。忽然,房间里静得出奇。那眼镜着地的声音清晰极了。倏地,眼镜上的镜片碎了,玻璃散了一地。

陆小曼竟然为了抽鸦片出手打自己,徐志摩忍无可忍了。

陆小曼独自倚在床边。丈夫摔门而出,悔极恨极的她眼泪汩汩流下。

然而,此时,陆小曼的母亲又走进房间来,责备了陆小曼一顿。

陆小曼悲伤欲绝,起身给徐志摩写了一封措辞刻毒的信。写完之后,她把信放在了桌上,只等着徐志摩回来了看。

然而,在那个深不可测又显得无限漫长的夜里,只有深秋窗外呼啸的风声,却迟迟不见徐志摩回家的推门声。

那晚,徐志摩在陈定山家住了一晚。

陈定山的夫人也吸鸦片。徐志摩见了现成的烟榻,便道:"我也要来尝一口!"

陈定山的夫人很是惊讶:"你不是不吸鸦片的吗?"

"我只是要尝尝,这究竟是什么滋味!"徐志摩脸上带着颓然。

定山夫人只好递了一根给徐志摩。徐志摩接过,放在鼻子边嗅了嗅,鸦片烟的气味瞬间让他想起了陆小曼的面庞。他迟疑了一瞬,终究还是没有去吸。他放下烟枪,深深地叹了一口气。

不论怎样吵,徐志摩终究是要回家的。

然而回了家，他却看到了那封静静放在书桌上等着他拆阅的信。

信中，是陆小曼的质疑，陆小曼说徐志摩对她是虚情假意，急着赶回去看林徽因才是真的云云。又对几年来徐志摩做的努力全盘否定，甚至指责徐志摩自私。

这样的信，一字一句，都似锋利刀刃，剐在徐志摩心上。

我脱下一身铠甲待你，你却不加思量便拔刀相向我的软肋。

那封信终于从徐志摩指尖滑落。他只有一个念头，他不要再看见陆小曼。他匆匆换了一条裤子，拎起平日出门的箱子就走出了家门，定了次日回北平的票。他再也不要在上海的家中停留片刻了。

陆小曼就那样眼睁睁地看着徐志摩离开。她想走过去拉住徐志摩的手，叫他不要走。可是可是，那些刻毒的文字毕竟是自己写的。此刻的她怎么也迈不出自己的脚步。

陆小曼后悔了，赶忙给徐志摩写了信——

前天晚上我亦不知怎样写的那封信，我真是没有心的人了，我心里为难，我亦不管你受得受不得我，我糊里糊涂的写了那封信！我这才受悔呢！还来得及么？你骂我亦好，怨我亦该，我没有再说话的权了！我忍心么？我爱！你是不会怨我的，亦决不骂我，我知道的！可是我自己明了自己的错比你骂我还难受呢！我现在已经拿回那信了，你饶我吧！忘了那封被一时情感激出来的满无诚意的信吧！实在是因为我那天晚上叫娘哭得我心灰意懒的，仿佛我那时间犯了多大的罪似的，恨不能在上帝前洗了我的罪立刻死去。现在我再亦不会写那样的信给你了，就算是你疑我也不怨你，不过摩呀我的心！你非信我爱你的诚心，你要我用笔形容出来，是十支笔都写不出来的。摩呀！你要是亦疑心我或是想我是个Coquette，那我真是连死都没有清白的路了。摩呀！今天先生说些话使我心痛的利害，咳！难道说我这几个朋友还疑心我还看不起么？可是我近来自己亦好怕我自己,我不如先的活了,有时我竟觉得我心冷得如灰一样,对于无论何事都没有希望,只想每天胡乱地过去,精乏力尽后倒床就睡。我前年的样子又慢慢的回来了,我自己的本性又渐渐的躲起来了,他人所见的我——不是我本来的我了。摩呀,我本来的我恐怕只有你一个人能得到享受,或是永不再见人。前天下午你走的时候我心里乱极了,我要你——近我——近了我——又怕娘见着骂——你走了我心如失,摩呀!

然而这封情真意切的信,徐志摩却没有可能看到了。

时光仍然不疾不徐地走着,很快就走到了一九三一年十一月十九日下午二时。

一九三一年十一月十九日下午二时,北平,协和礼堂里。

林徽因站在台上,面对台下众人浅浅一笑,而后整了整手里的演讲稿。那一叠整齐的演讲稿,是她花费了一年时间整理出来的建筑报告。本来就很整齐的演讲稿,她又整理了一遍。她的目光在观众席的人群中一遍遍扫过。她在找那个人,那个口口声声答应她会来听她演讲的人。然而,并没有那个人。

演讲的时间已到,她清了清嗓子,开始演讲。

然而,在演讲的过程中,她的脑海中不断浮现出徐志摩的脸。她与他,初次在英国相遇的场景她仍旧能够想起来。清瘦的面庞,硬挺的鼻子,时时穿着淡色西装的徐志摩。他们散步、通信、讨论学术,早已经是知己。徐志摩怎么会辜负与自己的约定呢,林徽因怎么也想不通。

正当林徽因讲完第一页要换到第二页的时候,那页演讲稿忽然滑到了地上。林徽因这样从容的人,做了那么多次演讲,还是第一次滑落演

讲稿。她带着微笑弯腰,把演讲稿捡了起来。直起腰的瞬间,她仿佛看见后排角落里有一个人。那是徐志摩!然而,站定了想要对那里点头致意的时候,却发现那个位置上根本没有人。

林徽因的心里闪过轰隆一声。

她告诉自己,自己只是眼花。

一九三一年十一月十九日下午二时,上海,陆小曼家二楼的卧室里。

翁瑞午此时正在陆小曼的卧室里与她谈天,两人一同吸着鸦片烟。

"瑞午,你说什么是爱呢。"陆小曼仍旧沉浸在对徐志摩的内疚之中。她很后悔,自己当初是如何写出了那封信的。

"怎么忽然问出这样的问题?"

陆小曼浅浅笑了一下,然后道:"不瞒你说,我时常拿不准,志摩是否爱我。"

"他怎么会不爱你呢?"翁瑞午有些惊讶。徐志摩在外为陆小曼奔波,即使忙碌异常,也只是隔三五天就会给小曼写一封信。这些,常来陆家的翁瑞午都看在眼里。

"你说,爱是唯一的吗。"陆小曼又问。

"同一个时期,应当是唯一的。"翁瑞午说。

"你是说,人生的不同时期,人可以爱上许多个人?"

"是。"

陆小曼沉默了一阵子,然后幽幽道:"可是我这一生,却只爱过志摩一个。而志摩,若是如你说的,当是爱过许多的人了。抑或者,他一个都不爱呢。"

翁瑞午狠狠地吸了一口手中的烟枪,没有接话。

"我始终觉得,志摩并不爱我。他爱的,是他自己的幻想。"

"小曼，你不要瞎想。徐志摩是爱你的。"

"可是，什么是爱呢？"陆小曼又绕回了最初的问题。

未等翁瑞午回答，另一个声音就回答了陆小曼——那是重物摔在地板上的声音，接着又伴有窸窸窣窣的细碎声音。

陆小曼一惊："什么声音！"

翁瑞午转过头去答道："那边的相框掉了。"

陆小曼倏地下了床，她终于看清碎了的是什么东西。那是镶着徐志摩照片的镜框。那镜框狠狠砸在地板上，把地板都砸得凹下去一块。镜框前的玻璃全都碎成一片一片的，悉数刺在徐志摩的照片上。

陆小曼看着那覆盖着碎玻璃的丈夫的照片，忽然心脏一阵绞痛。

一九三一年十一月十九日下午二时，山东，党家庄附近。

徐志摩正在飞机上打着瞌睡。然而他又睡不着，他在想一个问题。爱究竟是什么，自己又究竟爱过谁。

迷糊中，他好像听见了陆小曼的声音。她在问他："志摩，你爱我吗？"

志摩，你爱我吗。

飞机之外的天，弥漫了很浓很浓的雾。一架飞往北平的飞机直飞过去，伴随着一声惊天动地的巨响，撞在了开山之上。巨大的阻力迫使飞机产生了巨大的热。旋即，冒着浓烟的飞机坠落了。

这个飞机上，乘坐着一位诗人。

经后来检查尸体的人说，徐志摩的手指四周都被划伤，指甲里亦都是污垢和血肉。可见，徐志摩坠机的时候并没有死去。他还是在挣扎。

终于，他还是不舍，他还是牵挂。他的不舍和牵挂，终于比他的生命还长。

弥留之际，也许耳畔还有那句："志摩，你爱我吗？"

他永远没法回答她了,他却也正在回答她了。

诗人累了,他怎么会怕死。只是,他仍然要忍着身上的剧痛向外爬,去寻找生的希望。

我若死去,谁来供养你呢。

不害怕死,只是不舍瘦弱的你。

后　事

　　陆小曼终于再度张开双眼。她仍觉得困倦，可是她已经沉睡了太久。她忽然体味到，不只是失眠会使人头痛，睡得太过也会让人头痛不已。

　　她走进浴室，草草洗了一把脸，并没有梳头发。她瞥了一眼镜中的自己。镜子中的人，她竟然有些不认识了。

　　"惜君，替我梳头发。"

　　有点嘶哑的声音在陆小曼空旷的房间里划破了长久以来的寂静。隔了好久，也没有人推开房门来给她梳头发。她才恍然意识到，惜君已经不在了。

　　她走回床边，静静地坐在那里，面色里带着些颓然。

　　亦不知是过了多久，卧房的门被推开了。

　　"小曼，你醒了。"

　　"娘。"陆小曼的声音有气无力。

　　"你听了那消息，当场昏了过去，你可知我有多着急？"吴曼华走到陆小曼身边，握住了她的手。

　　"什么消息？"

　　"志摩遇难的消息。"

"什么志摩遇难？"陆小曼的声音霎时间尖厉了起来。

"小曼……"

陆小曼打断了她："你在说什么？志摩遇难？"

"小曼，你是真的忘了吗？当日你就是听了这个消息当场昏厥过去的。如今已经睡了两日了。"言罢，吴曼华又叹息一声。

过了好久，陆小曼平静地说："我要看他的尸首。"

"你可以去济南。"

"娘，你先出去。我要换衣服。"陆小曼看了一眼自己的深紫色睡袍，觉得实在是有些艳丽了。

吴曼华应了一声，然后悄悄退出陆小曼的卧房。

陆小曼光着脚站在地毯上，缓缓褪下自己的睡袍。然后走到梳妆台边，注视着那上面叠得很是板正的丧服。她拿起那丧服，利落地套在自己身上。然后照着穿衣镜看了一眼，很显然，那衣服有些宽大了。可是如今，陆小曼再也不在意那衣服是否合身。

把自己包裹在那片黑色里，陆小曼只觉得安全。

那丧服下，放着一份报纸。陆小曼轻轻拿起来，那是一份十一月二十日的《北平晨报》，上面刊发着这样的消息——

［济南十九日专电］十九日午后二时中国航空公司飞机由京飞平，飞行至济南城党家庄，因天雨雾大，误触开山山顶，当即坠落山下。本报记者亲往调查，见机身焚毁，仅余空架，乘客一人司机二人，全被烧死，血肉焦黑，莫可辨认，邮政被焚后，钞票灰仿佛可见，惨状不忍睹……

这报，陆小曼是看过了一遍的。当日母亲告诉她徐志摩遇难的噩耗，她不信，陆夫人便拿了这报纸来给陆小曼看。陆小曼看了一遍便晕了过去。

如今陆小曼再度拿起这报纸，手都还是抖的。可是她还是忍不住又一字一句地看了一遍又一遍。

"乘客一人司机二人，全被烧死。"陆小曼兀自念了出来。她有些沙哑的声音回荡在昏暗而空旷的卧室里，有些凄然。

然而任陆小曼再怎样不愿相信，事实都已经是事实了。

葬礼那日终于来到。

徐志摩的葬礼是张幼仪一手操持的。陆小曼已经记不清楚那日的情形，她只记得来了许许多多的人，却记不得都有谁。她记不清公公婆婆的眼神，记不清旁人对她的言语，甚至记不清自己穿了哪件衣服。

她只能记得，丈夫的棺椁是一汪浓得化不开的黑色。

她开始记起她与徐志摩在一起的点点滴滴。曾经，徐志摩和她在她的小书桌面前的时光可说是快乐最多的。那个时候，他们已经没有外界对他们在一起的阻挠，亦是没有支撑家中经济的困扰。他们有的，只有诗和欢愉。也就是在那方小书桌旁，徐志摩曾经央着陆小曼给他写一篇序。可是陆小曼坐了许久，却终究写不出来。只好向徐志摩撒娇。徐志摩便道："罢了罢了，你这小顽皮。"徐志摩亦曾送给陆小曼许多许多的书，希望她能对自己的作品多加评判，还曾称她为"字业上的诤友"。然而，即使徐志摩是那样殷切地期望着，时至徐志摩离世，陆小曼都没有好好地在徐志摩的事业上做些事。

然而，如今丈夫已经逝世，她却终于开始想要为丈夫做一些事。

抬眼看了看满座来宾，一个念头在陆小曼心中扎了根——她要整理丈夫的作品出版。她要更多人看见他的作品，她要他的作品传承下去。这样，他的生命就得以延续。

她双手抱着徐志摩的棺椁，在众人面前悠悠吟出那首词：

更哪堪、鹧鸪声住，杜鹃声切！啼到春归无寻处，苦恨芳菲都歇。算未抵、人间离别。马上琵琶关塞黑，更长门、翠辇辞金阙。看燕燕，

送归妾。

　　将军百战声名裂。向河梁、回头万里,故人长绝。易水萧萧西风冷,满座衣冠似雪。正壮士、悲歌未彻。啼鸟还知如许恨,料不啼清泪长啼血。谁共我,醉明月?

　　人潮来来往往,没有人听得出陆小曼在喃喃自语些什么。唯独站得很远的那个人,不需听见陆小曼的声音,单是看她的神情,单是看她的唇形,便知道她在吟诵那首《贺新郎》。翁瑞午翻过小曼的那本《稼轩长短句》,他拿住书脊,让书页朝下,分得最开的那页便是《贺新郎·别茂嘉十二弟》。

　　陆小曼抬起头,对视着远处来自翁瑞午意味深长的目光。她也看见了翁瑞午的嘴唇在动,依稀那一句"啼鸟还知如许恨,料不啼清泪长啼血"。

　　陆小曼注视着他,面无表情。

　　四周并没有啼鸟。只有许许多多的人,他们穿着深色的丧服,像是一大片一大片乌云,黑压压地聚集在礼堂里。他们交谈。许多人都在说话,可是都压低了声音,你听不清他们在说什么,甚至听不清他们在以何种语言说。许多许多地上的交谈汇集成一种低沉的奏鸣,像是一种连续不断的呜咽,充斥着整个葬礼。

　　在这样的呜咽里,翁瑞午也注视着陆小曼,目光一刻也不曾离开。

　　刚刚失去徐志摩的那段时间,陆小曼常常发病,亦常常失眠,翁瑞午便暂时搬到陆小曼家来照料她。

　　陆小曼常常睡不着觉,睡不着的时候,便同翁瑞午在露台上聊天。

　　那日,翁瑞午为陆小曼拿了披风来,轻轻为她披上。然后终于说出了他犹豫许久要不要告诉陆小曼的话:"小曼,有一句话,我一直不知道是否该告诉你。"

"如今，觉得是应当告诉了？"陆小曼浅笑。

"仍不知是应不应当，但我要告诉你。"

"请讲。"

"我去看志摩尸首的时候，他的指甲里有许多污泥，手心手背都是血。他是挣扎过的。"翁瑞午顿了顿，"我还记得，那天下午你问我，他爱不爱你。"

"瑞午，我明白的。"陆小曼握了握翁瑞午的手，表示感谢。

"小曼。"

"记不得是谁说过这样的话了，人死是要经过两个阶段的，第一个阶段是肉身的死亡，而第二个阶段是他在旁人心中的印象完全泯灭了。经历了这两个阶段，人才算是彻彻底底地死了。而我，不要志摩彻彻底底地死。然而，我也总是要死的，我不能让他在我心里活一辈子。"陆小曼娓娓道。

"所以，你要替他出版文集？"翁瑞午实在聪明。

"正是。"

"夜凉了，你回卧房躺着，早些睡吧。"他一时神色中显现出疲累。

"也好。"陆小曼转过身。

然而身后又传来翁瑞午的声音："若是需要帮助，可以同我说。"

陆小曼转头看着翁瑞午，郑重地道："多谢。"

"我爱你朴素，不爱你奢华。"

这话，徐志摩同陆小曼说了许多许多次，陆小曼是铭记于心的。

志摩去世后，陆小曼决心整理自己的卧房。打开宽大的衣橱时，里面色彩各异的衣服映入陆小曼的眼帘。那些艳丽的服饰都是陆小曼当年花重金购置的，有托人从国外带回的，也有她请人来为自己定做的。她把它们一件一件自衣橱里拿出来，然后摊开，摆在床上。

她还能够记得自己穿上它们的样子。那件大红色的伞裙，那件深紫

色的长裙,她甚至可以记起她在什么场合穿过它。陆小曼认定,衣服都是有灵性的,尤其是那些精致的服饰。穿在了自己身上,就染上了自己的魂,就与自己融为一体。

眼前忽而闪过那些夜晚的灯红酒绿,她就是在那些时刻穿着这些美艳的衣服。

她记得那个夏日的夜晚,她穿了一件宝蓝色的绸缎长裙,裙摆曳地,身后开得很大,露出一片凛冽的蝴蝶骨。她爱煞了那件裙子,穿上的第一刻,她便觉得自己变成了一只翩翩起舞的蝴蝶。微风吹过,裙摆轻轻扬起,端庄却丝毫不失灵动。

那日她从舞会归家,已是子夜一点。徐志摩还没有睡,仍然在译书。徐志摩见她回来,停下来看了她许久。陆小曼以为他是惊艳于自己美丽的裙子。

哪知,徐志摩半晌后喃喃说:"小曼,我爱你朴素,不爱你奢华。"

一个沉浸在自己的美丽中的女子哪里会爱听这样的话,陆小曼当即便嘟起了嘴,没有再理会徐志摩。徐志摩知道她不高兴了,便走过来抱她。然而她却推开了他。

不知为何,这样一个小小细节,陆小曼竟然记得这样清楚。

若是能够再给她一次机会,她定然会紧紧拥住徐志摩,再也不要放手。

眼泪忽然夺眶而出,泪水模糊了陆小曼的视线。那些色彩斑斓的衣裙在陆小曼的眼泪背后忽然化作了一抹又一抹纠缠在一起的油彩,杂乱而放肆地纠缠在一起。

陆小曼含着泪,把那些衣服统统封在了两个大箱子里,只留下素服。

满座衣冠犹胜雪,再无一人是知音。

守 望

　　陆小曼内心上已经是无限悲痛，可是此刻她亦不得不去担心生活上的事情。

　　军阀混战之中，陆家从北平迁居到上海，不仅是大不如前，到了上海后的这些日子已经将家底消耗得所剩无几了。徐志摩可以说是陆小曼唯一的经济支柱，如今徐志摩去世，可以说是再无经济来源。然而，没有了经济来源的陆小曼非但没有留下什么积蓄，反而背着一身外债。

　　徐志摩去世，他们的友人无一不沉浸在悼念徐志摩的悲痛当中，并无人考虑到陆小曼此后的生活问题。然而，考虑到这件事的却是一个早就淡出了陆小曼回忆的人。这个人便是王赓。

　　王赓在徐志摩葬礼过去了一段时间的时候，派人给陆小曼送了一封信。陆小曼接到信的时候是有些惊讶的。因为旷日持久，她早就已经快忘记了自己这位曾经的丈夫。王赓的信言辞极为恳切，有对陆小曼的安慰和鼓励，也有对她近来生活的问候，在信的最后，还提出如果陆小曼愿意的话，他愿意和陆小曼复婚。王赓此时虽说也不是大富大贵，但是凭借他当时的地位，负担陆小曼的生活可以说尚是很轻松的。

陆小曼捏着信纸。她心中是有对王赓的感念的。她没有想到，王赓与自己分开后一直未娶，并且还在自己面临窘境的时候体贴地写来这样一封信。这实在让她心存感激，亦勾起了些许内疚。

可是，她还是叹了一口气。王赓终究是不懂得自己。徐志摩如今确实是去了，她自己确实也是步履维艰。但她是绝对不会为了自己的生计和余生的安稳再去嫁做他人之妇。对她来说，对爱的坚守，甚于生命。要她为此嫁给旁人，是万万不可能的。可惜，王赓始终没有懂得陆小曼。

陆小曼给王赓回复了一封短信，回绝了他，却也向他道谢，并且由衷地祝福他过得好。

王赓收到信，没有再去信给陆小曼。而是叫人给陆小曼送去一些食品和钱财，并且让人捎口信告诉她不用再回信了。

纵然是不能做知己亦不能做夫妻，可是爱她敬她如王赓者，也是着实可贵了。

志摩去后，陆小曼再也没有去过社交场所，只一心在家中同贺天健学习绘画。

曾经那么难以戒掉的恶习，竟然就在这个时刻，失掉了对陆小曼所有的吸引力。她一下子便安静了下来，朴素了下来。这样的改变，竟然可以这般容易。

除却绘画，陆小曼最为上心的事便是出版徐志摩的书稿。

然而，这对陆小曼来说，的确困难重重。因为徐志摩死后，徐志摩的朋友们将徐志摩的死归咎于陆小曼。他们认为都是陆小曼挥霍无度，才使得徐志摩要冒险去坐飞机。可是，事物因果怎能如此般算。明明是一桩意外。陆小曼心中的悲伤绝不亚于他们任何一人，却还是要受到此般责难。然而，她还是不曾因此而有丝毫退缩，不解释却也不放弃。还给胡适写去了一封言辞恳切的信——

可是回头看看我的白发老娘,还是没有勇气跟着志摩飞去云外,看起来我的罪尚未了清,我只得为着他再摇一摇头与世奋斗一下,现在只有死是件最容易的事了,我还是往满是荆棘的道去走罢。我,生前无以对他,只得死后来振一振我这一口将死的气,做一些他在时盼我做的事罢。

然而胡适并不是很相信陆小曼,他担心,以陆小曼的一人之力,恐怕不能编出像样的书来。所以还是不肯将自己手中的书稿交给陆小曼。

凭借胡适的号召力,拿到徐志摩的书信日记是很轻松的事情。然而却有一个人,在这件事情上选择了支持陆小曼。这个人便是凌叔华。徐志摩三年前去欧洲时,曾拿自己的八宝箱给她,托她保管。徐志摩与凌叔华可谓是知己,对她亦是非常的信任。徐志摩死后,林徽因就去索要这只箱子,因为里面有徐志摩在英国时的日记,里面势必写满了对林徽因的爱慕。然而心高气傲的林徽因在凌叔华这里讨要了许多次,次次都被拒绝。

林徽因实在没有办法,便写信给了胡适。胡适见林徽因受了气,心中也有气了。便也去凌叔华那里要这只八宝箱。可是凌叔华认为,这些都是徐志摩的私人信件和日记,应当给他的遗孀陆小曼。然而胡适却强硬地说不必,硬要凌叔华交出那八宝箱来。被逼无奈,凌叔华只得交了出来。

此时陆小曼远在上海,并没有参与到这场纷争中。后来她知道了此事,也是积极地将徐志摩的日记讨了回来。也正是因为陆小曼的积极和勇敢,我们今日才可以看到徐志摩的许多作品。

这八宝箱还只是徐志摩作品的冰山一角,去搜集徐志摩的其他作品更是困难重重。可是再困难，曾经连站得久了一点都会嫌累的陆小曼都一一克服了。

其实胡适与陆小曼的芥蒂从前还没有这样深。他们关系变化的根源，还是因为翁瑞午。徐志摩去世后，过了一段时间，陆小曼便搬去与翁瑞午同住。翁瑞午也是有家室的人，而陆小曼是徐志摩的遗孀，外界的非议自然不会少。多难听的话都有，更有人疑心是徐志摩还在的时候她便与翁瑞午有私情。

陆小曼的很多朋友都劝陆小曼离开翁瑞午。可是陆小曼并没有听劝。

因为翁瑞午之于陆小曼，已经是一个不可或缺的存在了。徐志摩去世后，可以说翁瑞午自然而然地承担起了陆小曼的所有花销。他什么都没有说，没有问陆小曼愿不愿意，只是默默为陆小曼安排起了一切。让陆小曼觉得似乎物质生活并不需要她去担忧，甚至也不需要她去选择。这一举动，聪明的陆小曼看在眼里，却也没有明言感谢。然而，她对他的依赖，也不只是物质上的。精神上她同样依赖他。曾经她痛得辗转反侧无药可解，他翩翩然出现，手到病除。而后他们又时常聊天，谈世情亦谈自己，她发现翁瑞午不仅懂得医病更懂得医心，同他说话，总是有一种前所未有的舒适感。因为有他在，那种曾经几乎要将陆小曼吞噬的孤独感再也没有出现过。这样的一个人，陆小曼怎么能够舍得离开。

她经常想，翁瑞午在她心里究竟是在怎样一个位置上。当然是朋友，可也早就不只是朋友。外界猜测他们是爱人，可是陆小曼知道，他们并非是爱人的关系。她不爱翁瑞午，她清楚得很。这一点，翁瑞午也十分清楚。两人相处，从未逾越朋友之礼，这是陆小曼在心里暗暗向徐志摩承诺过的——他永远是她唯一的夫婿。如果非要给翁瑞午一个符合常俗逻辑的定位，那么怕就是亲人了吧。

何竟武劝陆小曼，郁达夫劝陆小曼，几乎所有的朋友都劝陆小曼。可是陆小曼每每听到这样的言语，都只是微微一笑，然后轻轻摇摇头。

直到胡适也给陆小曼写了一封信，声称她若是不离开翁瑞午自己便要同她断绝来往。这时，陆小曼才开始犹豫了。她同徐志摩一路走来，若是没有胡适，那么很可能她同徐志摩连那曾经快乐的几年都没有。胡适以从未动摇的立场不理舆论支持他们，帮他们赢得陆家和徐家对于婚事的应允，甚至连远赴英国的时候都在替他们向恩厚之恳求出国留学的费用。这些情分，陆小曼不能不念。

可是当她看到翁瑞午为了使自己"黑白不缺"连他收藏的心爱画作都不惜变卖了的时候，她又觉得，她是无论如何都不会离开翁瑞午的。甚至，她为曾经动过离开他的念头而感到羞惭。

一个洒脱的人遇见另一个洒脱的人，便丝毫不介意为了他更洒脱一点。

就是这样两个洒脱的人，以这样一种特别又趋近于精神之爱的关系相伴至死。

自从徐志摩死了，那个慵懒消极的陆小曼也同他一起死了。

从那以后，陆小曼便发誓要成为徐志摩爱的那个样子。珍惜自己的灵性，返回最原始的朴素。

徐志摩逝世后到陆小曼也离开人世的三十几年里，陆小曼房间最显眼的地方始终悬挂徐志摩的大幅照片。

在没有了徐志摩的余生里，她常常后悔，自己在徐志摩活着的时候没有珍惜他，没有顿悟以成为那个同徐志摩热恋时的自己。

在没有了徐志摩的余生里，她也常常庆幸，最后徐志摩还是用自己的死来成全了陆小曼。也许他知道陆小曼的顽固，只有这样才能够让陆小曼重新活过来。

然而,她也常常叹息,也许一切的一切,都是命定的结局。说不上是最好的,也说不上是最坏的。我们都要这样走过而已。

她也偶尔对着房间里的照片喃喃自语:"志摩,你快看看我,我是你爱的陆小曼。"

最后的最后,可惜的只有一件事,那便是,我们终究是后知后觉的生物。